おかん飯

てんこもり編

西原理恵子×枝元なほみ

【ブックデザイン】星野ゆきお+村田慧太朗(VOLARE inc.)
【ミニカット】西原理恵子
【作画協力】麓愛

小太りが一番

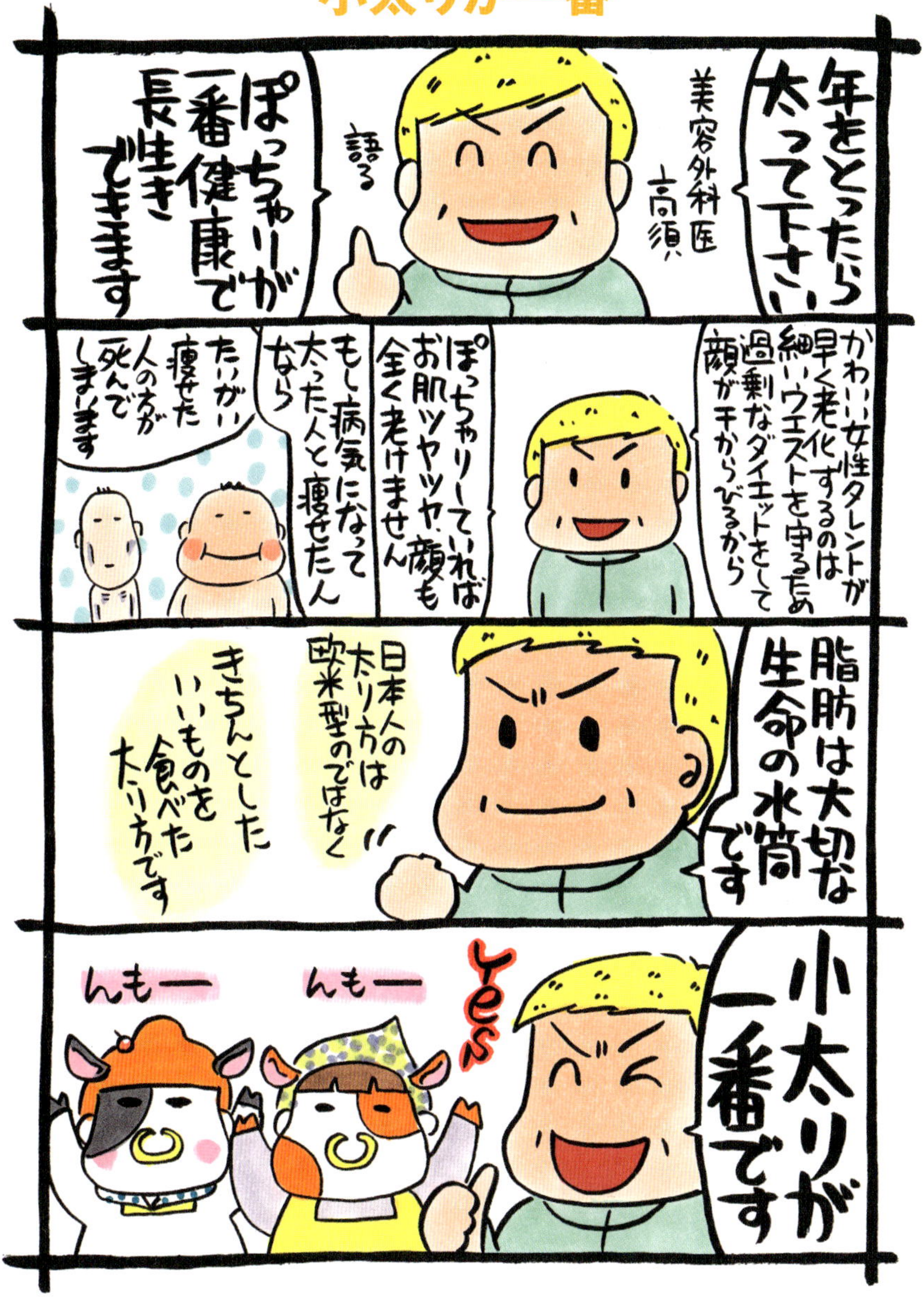
年をとったら太って下さい
美容外科医 高須
語る
ぽっちゃりが一番健康で長生きできます
かわいい女性タレントが早く老化するのは細いウエストを守るため過剰なダイエットをして顔が干からびるから
ぽっちゃりしていればお肌ツヤツヤ、顔も全く老けません
もし病気になって太った人と痩せた人なら
たいがい痩せた人の方が死んでしまいます
脂肪は大切な生命の水筒です
日本人の太り方は欧米型のではなく
きちんとしたいいものを食べた太り方です
小太りが一番です
Yes
んもー
んもー

まえがき

美肌

ネットのつぶやき
この二人いいもんばっか食って太った身体してるよな
ええそりゃもう二人共超霜降りA5の背脂特盛り
作っちゃ食い作っちゃ食い
食っちゃ飲み食っちゃ飲みまくり
こって牛ですから
肌がねえ脂でぱっつぱつで小ジワとかぶっ飛んで
んもー
脂のためすぎでいつも顔がでろでろ
んもー
化粧水どころか乳液いらず
んもーー

もくじ

まえがきまんが

美肌…3

おかわりまんが

小太りが一番…4
男捨離…62
おばあちゃん料理…78
たこ…99
記念日…108
ヒエラルキー…118

1 うますぎてアカン編

揚げ豚…10
餅豚キムチーズ…12
たこめし…16
フライドオニオンのせ肉豆腐…18
百合根とほうれんそうのバターソテー…22
ホタルイカとキャベツのパスタ…24
青唐酢と桜エビ入り焼きそば…28
シイタケそぼろのせ焼きそうめん…29
ちらしずし…32
オムライス…34

台所漫談

ぼくの脂をお食べ…14
男子飛び込み飯…15
言葉にならない…20
化粧水いらず…21
いいとこのお嬢さん…26
大人への旅路…27
風に当てろ!…30
シイタケぎらい克服…31
お内裏様、チェンジ!…36
口いっぱいのしあわせ…37

ナスゴレン…38
エビとエリンギのショウガ炒め…40
アジのソテー パクチーソース添え…44
サンマのソテー カレーソースがけ…45
キムチ餃子…48
豚のショウガ焼き カレーソース風味…49
里芋と鶏肉のエスニック炒め…52
サツマイモと鶏胸肉の炒め物…53
豚のみそ漬け焼き…56
ごはん春巻き…58
ナスの和風グラタン…59
みんなでつくろう! 西原一家も参戦!…63
西原家のからあげ
エンパナーダ
蒸し豚の照り焼き
魚肉ソーセージのコチュジャン炒め
ふりかけ芋・コンビーフ入りポテトサラダ

油吸いのナス…42
エリンギを泣かせる…43
朝ご飯にぴったり…46
禁断のマヨネ…47
キムチがどうにかしてくれる…50
恐ろしや恐ろしや…51
鶏皮はうまみと心得る…54
料理界のおネエ…55
発酵食品にまかせる…57
やっぱ油やね…60
「男捨離」のススメ…61

2 女の救世主レシピもあるでよ編

もずくの酸辣湯…80
らっきょう醤油…81
モロヘイヤつけそば…84
豆腐サラダ…85
刺身の蒸ししゃぶ…88
揚げ野菜のサラダ…89
切り干し大根のピリ辛マヨネーズあえ…92
ゴーヤと高菜の炒め物…93
インゲンの和風マリネと揚げ浸し…96
かんぴょうと車麩の揚げ物…100
トマトピクルスと冷凍トマト…101
みそ汁(ニラ玉・クレソンと天かす)…104
かまぼこのマリネ…105

台所漫談

命拾いのスープ…82
作らにゃ損、損!…83
昔の彼女…86
夜の空腹をしのげる…87
絶妙なぷるぷる…90
やめられない味…91
乾物退治…94
夏ばて知らずの秘訣…95
インゲンの使い道…98
揚げてもヘルシー?…102
夏の朝にぴったり!…103
デブ防止になる?!…106
私たちの得意技…107

矢野顕子さんがやってきた！ おもてなし編…109
ミートローフ
豆サラダ
エスニックコールスロー
食べることは、生きること…117
おやつの時間 カロリーは甘いもので摂ってもよし編
がんづき…120
氷牛乳のフラッペ…121
安納芋 シナモンホイップ添え…124
あとがき…127
台所漫談
お母さんの味…122
懐かしい甘さ…123
エダモン料理の神髄…126

1

うますぎて
アカン編

揚げ豚

材料 4人分

豚バラブロック——1kg
塩——小さじ2
かたくり粉——適量
A ソース
パクチー——50g
ニンニク——2〜3かけ
カシューナッツ——12粒
ナンプラー・レモン汁・水——各大さじ1
黒コショウ・唐辛子——各少々

揚げ油——適量
（お好みで）レモン

作り方

❶ 豚肉に塩を振り、一晩置く。かたくり粉をまぶして、熱した油で片面20〜30分ずつ揚げる。

❷ ソースを作る。ニンニクは薄皮をつけたままトースターで8分焼き、皮をむいてつぶす。カシューナッツとパクチーは細かく刻む。残りの調味料も一緒に混ぜて、ペースト状にする。

❸ ❶を一口大に切り、❷とくし形切りにしたレモンを添える。

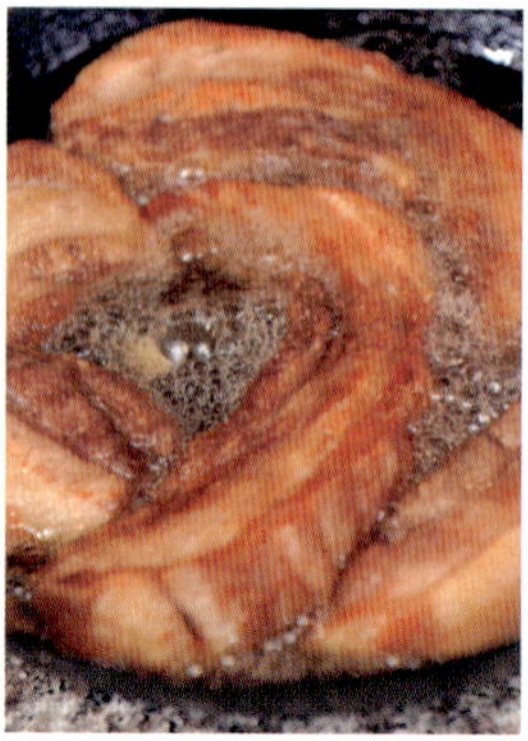

餅豚キムチーズ

材料 4人分

餅——4枚
豚バラ——150g
ごま油——小さじ1
キムチ——150g
ピザ用チーズ——70g
コチュジャン——小さじ1
しょうゆ——小さじ1
塩、コショウ——各少々

作り方

1. 餅を半分に切る。キムチはざく切りにして、豚バラは3〜4㎝に切る。
2. フライパンにごま油を引き、強火で餅を焼く。両面に焼き色がついたら、一旦取り出す。
3. 豚肉を炒めて、色が変わり始めたら、塩、コショウを加え、キムチ、コチュジャン、❷の餅を入れる。
4. 全体に油が回ったら、しょうゆを加え、最後にチーズを入れて、溶けたら完成。

ぼくの脂をお食べ

西原 豚の塊を揚げるということで、もう私、興奮を抑えきれません。

枝元 あはは。じっくり揚げていく間にソースを作っていきます。

西原 これが1kgの肉ですか。こんだけダイエットするの大変だな。

枝元 ほんとにねー。3kgの肉の塊見ると、3kgやせるってこれがなくなるってことか……ってしみじみ考え込んじゃいます。

西原 こないだ、仕事で北海道に日帰りで行ったんだけど、行きの車で1時間、飛行機で1時間半、待ち時間が1時間、講演会が1時間……と、とにかく全部で10時間くらい座ってたんですよ。その合間に、塩分の多いエビラーメンをずるっと食べて、次の日起きたら4kg太ってた。

枝元 ほんとに?

西原 むくみですよね。妊娠したとき以来の体重になってて、その日の夜に1・5kg減った。乗り物に乗るって本当に体に悪いんだなって。

枝元 もとの体重に戻った?

西原 いや、あと1kg。ほら、微妙なところ戻らないでしょ。これがちょっとずつ蓄積されて太るのよ。

枝元 むくみって怖い！ さて、お肉です。肉の分量の1%の塩をなじませると覚えておくと楽です。

西原 私はね、煮豚は大反対なんです。うまみが逃げるやろ? 豚は焼くか揚げるに限る！ ねー。

枝元 豚肉愛、すごいですよね。

西原 豚肉を料理するときは、必ず子どもに見せにいくからね。「ほらほら、お母さんは今からこの肉を料理するからね！」って。

枝元 あははは。油を熱して、肉をぎゅうぎゅうと鍋に押しこんで。

西原 花園のようやで。

枝元 えへへ。じゅわじゅわって気泡が出てきたら、弱めの中火に落とします。あんまり強いと肉が硬くなるので。さあ、その間にソースを作りましょう。ニンニクを焼いて、材料を細かく刻んでいきます。

西原 タイ料理屋の匂いだ。

枝元 さあ、肉が揚がりました。この一番うまそうなところ、どうぞ！

西原 はふはふ。うまーい！

枝元 脂が落ちて、ちょっとベーコンぽい。意外と脂っぽくないですね。

西原 うまみの塊です。ソースがまたエスニックで白米が進む味。うんうん、豚肉が語りかけてきます。「ぼくの脂をお食べ」

枝元 はははは。いま分かりました。西原さんちの息子さんの肉好きは、絶対遺伝ですね！

それは春節の爆竹の音のようにめでたく
子供の頃聞いたトタン屋根の雨音のようになつかしく
わははははは
パチンコで連チャンしてる玉音みてえ
わはははは
肉の揚がる音って幸せの音
テンション上りすぎ

男子飛び込み飯

西原 お好み焼きやもんじゃのメニューにありそう。キムチ、チーズは息子が大好きなトッピングですよ。

枝元 うまいんです。「正月の餅がまだ残ってる！」なんてお困りの方に試してほしい。

西原 まずくなるわけがない組み合わせですよね。

枝元 餅に焼き色をつけます。

西原 餅は急に溶けたりするから、焼くの意外と難しい。

枝元 はい、急にくっついちゃって、団体戦になる。お餅は食べますか。

西原 子どもは食べますけど、私は食べないですねえ。

枝元 お子さんは何味が好き？

西原 やっぱりバターしょうゆが一番人気ですね。あと、お雑煮は餅が液状化するまで溶かす派。

枝元 へえー。肉を炒めたら、餅を戻して最後にチーズでーす。

西原 だめだ、こりゃ。これ、男の料理だよ！ おっさんの「よーしお前ら、うまいもん食わせてやる！」っていう料理。いたよね、近所にそういう気のいいおっさん。女性の繊細さがどこにも……。

枝元 あはは。でもこういう料理が、意外と女子を虜にしたりして。

西原 息子の友達の女の子とかもうすでにおっさん化してるよね。「いやーん、私おなかいっぱいー」とかいうのはもう終わり。女子女子してるのは、中学から高校1年ぐらいまで。高校2年にもなったら、もうがっつり肉を食べてる。

枝元 そうでしょ、そうでしょ。早速いただきましょうよ。

西原 もう間違いないよ。キムチと餅ってこんなに合うのって感じ。男子はこの中にダイブして喜ぶね。「男子飛び込み飯」ですよ。

枝元 餅とチーズがかりっとしてるところがまたうまい！

西原 デブのもとだよー。

枝元 これね、実は白飯入れてもうまいんですよ……。入れてみる？

西原 餅をおかずにご飯!? 悪魔のささやき！ 5kgは太るで！

枝元 大丈夫、大丈夫。

西原 危険、危険！ みなさん、今回の料理は十分に注意なさって取り扱ってください！

これは料理研究家の
出す料理じゃねえ
相撲部屋の正月明けの初稽古後に親方が相撲取り全員にふるまう料理
今年もようけ太るでごわすよ
ごっつあんでうりーす

たこめし

材料 4人分

ゆでタコ――――足2本(約250g)
ニンニクとショウガの
みじん切り――――各大さじ1
サラダ油――――大さじ1と1/2
酒、しょうゆ――――各大さじ2
米――――3合
ナンプラーまたは塩――――少々
水＋蒸し汁――――600ml

作り方

1. フライパンに油を引き、ニンニクとショウガを炒め、香りが立ったら、そぎ切りにしたタコ、酒、しょうゆを入れさっと炒め、火を止める。ふたをして1分半〜2分蒸らす。
2. ボウルにざるを重ねてタコと蒸し汁に分ける。
3. 炊飯器の目盛りに合わせ、蒸し汁に水を足して米を炊く(鍋なら蒸し汁と水で約600ml)。
4. ご飯が炊けたら、熱いうちにタコを戻してさっくりと混ぜ、ナンプラーまたは塩で味を調える。

フライドオニオンのせ肉豆腐

材料 4人分

タマネギ——1/2個
薄力粉——適量
揚げ油——適量
豆腐——2丁
牛コマ肉——250g
A
だし——1と1/2カップ
酒・みりん・しょうゆ——各大さじ3
お好みで砂糖——小さじ1

作り方

❶ フライドオニオンを作る。タマネギを長さ半分の薄切りにして、粉をまぶした後、170℃に熱した油に広げ入れる。弱めの中火で、途中2～3回混ぜながら7～8分揚げる。気泡が出てこなくなったら引き上げる。

❷ 肉豆腐を作る。鍋でAを熱して、一口大に切った豆腐を入れ、煮立ったら、牛肉を加えて、7～8分煮る。

❸ ❷に❶をのせ、お好みで七味唐辛子(分量外)を少々振る。

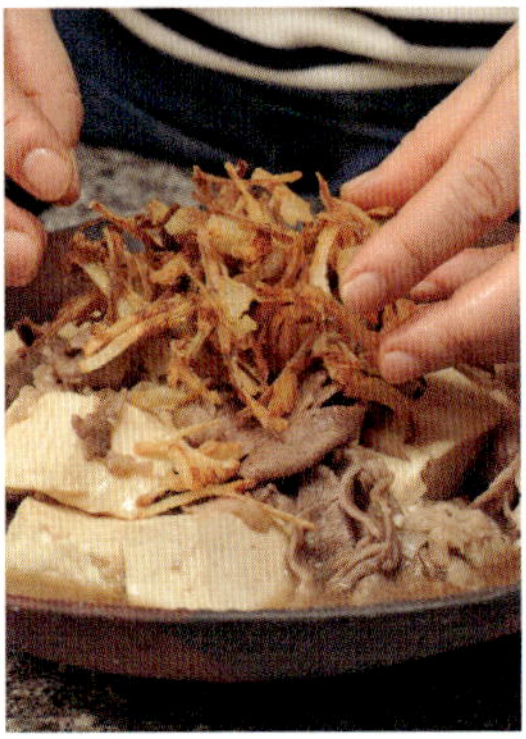

言葉にならない

枝元 枝元流たこめしです。私はどうも上品な炊き込みご飯ができなくて、ついニンニクとショウガを入れちゃう。こくが出てうまいんです。

西原 がっつりたこめしですね。

枝元 タコ、酒、しょうゆを加えたら、火を止めて蒸らします。

西原 おお、タコの蒸し汁が出てきますね。これがうまいんですよね。

枝元 そう、この汁捨てちゃう人がいたら、パンパンパンってお仕置きです！ 蒸し汁でご飯を炊いていきます。しばし休憩。洗い物でも。

西原 うちと一緒の食洗機だ！ 家族やお客が多い家だと便利だよね。

枝元 仕事柄、洗い物がたくさん出るから欠かせないんですよ。

西原 前に漫画でね、朝みそ汁を作るのがどんなにしんどいかって話を描いたら、「5分で作れるのに、そんなこともできないのか」ってすごく批判が来たのね。

枝元 前日の疲れがあるのよね。

西原 前の晩にたまった仕事を終わらせて、ご飯作って、子どもの面倒見て、疲れ切って台所を片付けられなくて眠るの。もう何年来って疲れが朝どっと来るんだよ。一から説明しないと分かんないわけ？ って。

枝元 台所がきれいなドイツのお宅は、夜にはあまり火を使わない食事を取ることが多いって聞きましたよ。パンとハムとワインだけとか。

西原 日本人くらいだよ、朝からしっかり食べようなんて言ってるのは。みそ汁なんて作ってらんない。たまごかけご飯で十分！

枝元 リアルな朝ご飯ってそんなものですよね。さあ、ご飯が炊けましたよー。オープン！

西原 うわー、この香り！

枝元 ご飯が熱いうちにタコを戻してできあがり！

西原 ……。うう、言葉にならないほどおいしい。

枝元 白米も相当フィーバーしますけど、炊き込みご飯もまたうまい。

西原 米万歳！ 私が米を食べなくなったら、それはもう終わりの日です。私のお墓の前に、白いおむすびを置いてください。

枝元 あはは、白いお花のかわりに白むすびですね。任せて！

化粧水いらず

西原 今回は「毎朝のサラダにフライドオニオンをトッピングするのが大好き。料理が好きで、自分でも作ってみたいので、作り方を教えてください」と大阪の83歳の読者から！

枝元 フライドオニオン、大好きです。今日は肉豆腐ですが、カレーでもみそ汁でも、何にでも合うし、コク出しにぴったりなんです。

西原 よくスーパーで売ってますよね。どう使うのか分からなくて、買ったことがなかった。

枝元 作り方も簡単。タマネギ切って、粉まぶして揚げるだけ！ 先に作っておいたのがこちら。

西原 あらっ。これはおいしい。

枝元 ポテチよりカロリー抑えめ。

西原 塩を持て。（と、ろくすけの塩を取り出す）

枝元 ははっ！ 最高級の味塩でございます！

西原 あかん、永遠に入るね。

枝元 火力があんまり強いと一気に揚がっちゃうので、じっくりタマネギの水気を抜くのを目安に……って全然聞いてないね。

西原 だって、いつもすごく我慢してるんだもん。ポテチ食べるの。

枝元 幸せそう。揚げてる間に、肉豆腐作りますね。

西原 うちのお兄ちゃんが考えた、安いお肉をおいしく食べる方法があるんですよ。お高い和牛の脂で、安い肉を焼くんです。そしたら、高い和牛の味になるんだって！「だからな、高い肉買うたらな、脂を冷凍で置いといてくれー」だって。

枝元 なるほどねー。昨日ね、お客さんが来て、大量のステーキ付きガーリックライスを出したんです。ステーキの脂を切って細かく刻んでから、ライスと混ぜて炒めたの。皆さんペロリでしたね。肉豆腐のおだし、こんなもんでどうでしょう？

西原 あああっ。これはあかん！

枝元 フライドオニオンのせたら、男子好きのする味になりますね。

西原 今日は私、ひたすら食ってる。顔が脂でつやつやしてきた。

枝元 つやつや、ぷるぷる。フライドオニオンで化粧水いらずだね！

これすごっ
何でもかければかけるほど美味くなる
カレー・パスタ・炒め飯、そしてすべての肉に、男子飯が100倍美味になる上に何でもニンニクぶっかけてた息子がやっと臭くなくなる。さあ作るべし大量に!!
毎日ニンニクまわりの女子に悪くてもう
じゅー

百合根とほうれんそうのバターソテー

材料 2人分

百合根――1個
ほうれんそう――1束（200g）
バター――20g
塩、しょうゆ――各少々
水――1と1/4カップ

作り方

❶ 百合根の根に沿って包丁の先を入れ、根をくり取って、鱗片をはがす。さっとすすいで、大きいものは切って、形を均等にする。ほうれんそうは下ゆでして、水気を切り、食べやすく切る。

❷ フライパンに百合根と水1カップをいれ、ふたをして、強火にかける。2分半～3分蒸しゆでしたら、中火にして、水気を飛ばす。バター10gと塩少々を入れてからめたら取り出す。

❸ 水1/4カップとほうれんそうを入れて、温まったら塩少々とバター10gを加え、しょうゆを垂らす。

ホタルイカとキャベツのパスタ

材料 2人分

パスタ	200g
ホタルイカ	100g
ニンニク	1片
赤唐辛子	1〜2本
アンチョビ	4枚
キャベツ	3枚
オリーブ油	大さじ2
塩	大さじ1と1/2

作り方

1. ニンニク、アンチョビはみじん切り。キャベツの葉は大きめのざく切り、芯はみじん切りにする。
2. 2リットルの湯を沸かし、塩、パスタを入れる。ゆで時間残り2分半になったらキャベツの葉を入れ、一緒にゆでて引き上げる。
3. フライパンにオリーブ油とニンニクを入れて温め、香りが立ったら、ちぎった唐辛子、アンチョビ、ホタルイカ、キャベツの芯を炒め、2をあえる。塩、粗びき黒コショウ少々（分量外）で味を調える。

いいとこのお嬢さん

西原 百合根は好きだけど、なかなか買わない。もったいないから。

枝元 ですよね。でも、正月を過ぎると、値下がりするんですよ。今日は私的「ザ・ベスト!」な百合根レシピをご紹介します。

西原 楽しみだなあ。

枝元 百合根はこの大きさに育てるのに、3年かかるの。すごく手間がかかるから、農家の知人は病気してから作るのをやめたとか。残念です。

西原 3年! 茶わん蒸しに3切れくらいしか入ってないわけだ。女子は百合根好きが多いと思いますよ。

枝元 百合根を蒸しゆでに。うまみが逃げるので、水を多くしたり茹でこぼしたりしないようにご注意を。百合根の外側が透明に、内側が白っぽい感じになります。

西原 アルデンテですね。うっ、ここにバターを投入ですか!

枝元 うふふ。最後に塩とバターをからめて終わり。同じフライパンでほうれんそうのバターソテーを作って添えます。仕上げに、香り付け程度にしょうゆを垂らすとおいしい。

西原 うまー! バターの一番うまい食べ方かも。バターはジャガイモじゃなくて、百合根が一番合う。

枝元 ジャガイモより、もっと繊細な味がしますよね。ジャガイモが「みんなの仲間」としたら、百合根は「いいとこのお嬢さん」って感じ。

西原 深窓の令嬢とバターの運命の出会いですね。これ、ほんと止まらない。大人のポテチだ。

枝元 百合根って、こんなおいしいんだってもっと知ってもらいたい。

西原 通りすがりに値下がりした百合根を見たら、爆買いしましょう!アメリカ人わかってんのか、マッシュポテトばかり食いやがって。

枝元 いよいよ世界にけんかを売り始めたー! でも、うまい百合根を作る日本の農家さん、えらい!

百合根大量生産希望
さつま芋の
カボチャの
図々しい
甘さを
取って
栗の感じのいい
あの固さの
とこを
ちょっと
やわくした
完全生命体百合根
ポテチとして食いたい
あまりのうまさに百合根釈迦
拝めば背脂がつきます

大人への旅路

西原 今日の料理は私が今一番食べたいものですよ。ホタルイカ万歳！

枝元 よかったー。キャベツもたっぷり、芯も刻んで入れましょう。

西原 外で食べるパスタってスープや風味を楽しむものだからか、具が少ないのが常々不満なんです。具がたっぷり、すごくうれしい。

枝元 パスタをゆでます。タイマーをかけて残り時間2分半になったら、キャベツを入れて一緒にゆでる。

西原 私、きちょうめんに炒めてました。混ぜちゃっていいんだ。

枝元 フライパンでアンチョビとホタルイカを炒めて、パスタとキャベツを加えて、あえるイメージで。

西原 きれいな彩り！ うん、塩味もちょうどいい。

枝元 好みで昆布茶足すのもOK！

西原 炭水化物と油と塩とニンニクが口いっぱい！ これはもう、おれの塩焼きそばやー！

枝元 へい、お待ち！

西原 マヨネーズかけても、うまいで。なんちゃって。

枝元 男子、やりそうだなー。西原家はパスタどれくらい食べる？

西原 息子は基本200gですね。

枝元 さすが。お嬢さんは？

西原 娘は最近顔合わせてないな。

枝元 相変わらず、絶賛反抗期で。

西原 お互い性格が似てるからでしょうね。でも15年、ベストを尽くして育てたので、それならそれでいいやと。後悔はないです。こないだも、娘が朝帰りしてきたんですよ。

枝元 ええー？

西原 「どういうことか言ってみなさい」って怒ったら、「行って帰ってきただけでしょ」って言われて。

枝元 うわー、女子だねー。

西原 実際は、福島県に演劇を見に行って、夜行バスで帰ってきたのね。「誰それちゃんちに泊まるー」とか適当にウソつけばいいのに、親を正面突破しようとするんだよね。

枝元 それはいいことじゃないですか！

西原 今は引きこもりの子どもが多くなってるけど、うちの子は向かい風に当たりに行ってる。

枝元 あははは。確かに、西原さんと似てるんでしょうね。

西原 私と口きかないけど、自分で1時間以上かけてお弁当作って、学校にはちゃんと行く。それでいいかなって。息子がアメリカ留学したときみたいに、「大人になるために旅立ってるんだ」と思ってます。

青唐酢と桜エビ入り焼きそば

材料 4人分

- 青唐辛子——10本
- 米酢——1/2カップ
- 中華蒸し麺——3玉
- 桜エビ——80g
- ニンニクの茎——100g
- ショウガ——1片
- 酒（紹興酒でも）——大さじ3
- トウバンジャン——小さじ1/2
- コショウ——少々
- 塩——小さじ1/3
- ナンプラー——大さじ1

作り方

1. みじん切りにした青唐辛子を酢にひたす。
2. ショウガは千切り、ニンニクの茎は斜め細切りにする。
3. フライパンにサラダ油（分量外）を引き、ショウガを弱火で熱する。香りが立ったら、ニンニクの茎を炒める。
4. 温まったら麺を加え、よく炒める。塩、酒、桜エビを加えて炒めたら、ナンプラーとトウバンジャンを加え混ぜ、コショウを振る。❶をかけて食べる。

シイタケそぼろのせ焼きそうめん

材料 2人分

そうめん――3把
シイタケ――4個
タマネギ――1/2個
鶏ひき肉――150g
ニンニク――1片
ごま油――適量

A
酒・しょうゆ――各大さじ2
オイスターソース・酢――各小さじ1

お好みでパクチー

作り方

1. そうめんを半分に折り、硬めに（約30秒）ゆでる。ニンニク、シイタケ、タマネギはみじん切り。
2. フライパンにごま油を熱し、ニンニク、タマネギ、ひき肉を入れて炒める。肉の色が変わったら、シイタケを入れ、Aを混ぜる。
3. そうめんを8等分に分け、丸くせんべい状にまとめる。
4. 別のフライパンにごま油を熱し、そうめんの両面を焼き付ける。❷をのせて、パクチーを添えて完成。

風に当てろ！

西原 焼きそば、と見せかけて、メインは青唐辛子。

枝元 青唐辛子にお酢をだばだばと注ぐだけ。ふた付きのびんに入れて冷蔵庫で1～2カ月保存できます。

西原 今日の料理は青唐辛子を買ってきて、酢に漬ける。以上。もう終わっちゃったー。

枝元 これが万能調味料なの！ でもさすがにこれだけじゃ何だから、青唐酢がよく合う桜エビ入り焼きそばを作りましょう。

西原 昼間の塩焼きそばは危険ですよ。ご飯ならまだ消化に時間がかかるけど、焼きそばは一発で眠くなる。

枝元 昔、袋入りのインスタントの焼きそばを日曜日のお昼ご飯によく母が作ってくれたなあ。でも、なんか水を入れすぎるんだよね。

西原 もっちゃりするのね。

枝元 なのに水を捨てないんです、「栄養だから」って。「もうサイテーな女や！」って思ってた。じゃあ作っていきますか。前に、浅草寺の近くの屋台で、一日修業に出たことあるんですよ。そこで、麺は調味料入れる前の「白焼き」が大事だと教わりました。覚えてるのが「風に当てろ！」って。

西原 どういうこと？

枝元 麺に、風を当てるようにして、大きく混ぜて炒めていくんです。まあ、そこしか覚えてないんですけど。桜エビも加え、手早く炒めて完成！

西原 これに青唐酢をかけて、いただきます。

枝元 この爽やかな辛みが最高。

西原 止まらなくなる辛さ。青唐酢が入ると、ただでさえうまい塩焼きそばが頭真っ白のうまさになる。

枝元 青唐酢を食べたいがために焼きそば2玉いけそう。

西原 食える！ 私をなめてもらっちゃ困る。

枝元 あと、魚の塩焼きとか、お刺身にお塩をふって、青唐酢と一緒に食べるのもおいしいんですよ。

西原 これで泡盛飲んだら、もう訳分からなくなるね。頭がとろーんとしてきた……。

枝元 あはは、もう飲み過ぎてる人みたいになってますよ。皆さんも、ぜひ冷蔵庫に常備してくださいね！

女子と酢は前世で恋人同士だったのか
我が家女子 ポテサラ 唐揚げに 青唐酢 かけまくる
全部でかけたら 味がかわって ええぞね
油ものが ひきたつー
酢かけても カロリーは遠慮してくれんぞっ

シイタケぎらい克服

枝元　さて、今回は「孫がシイタケ嫌い。食感が苦手らしく、チーズをのせたりすり身にしたりしても嫌がります。孫が食べてくれそうなレシピをお願いします」というお便りが届きまして、肉厚なシイタケをご用意しました。

西原　これはプリプリですね。こいつ、誘ってやがるぜ。

枝元　あははは。今回のリクエスト、私なんかは「まあ、食べなくてもいいんじゃないの」と思っちゃう。

西原　そのうち食べるよね。よく小さな子どものいるお母さんが「食育」だとかで料理を頑張るでしょ。でもその足もとで、子どもは「遊んで」「だっこして」って一生懸命せがんでるんですよ。一番かわいい時期に一緒に遊ばないともったいないよ。

枝元　昔、友達がね、「子どもには手をかけすぎないほうがいい」って言ってた。手をかけたご飯出しても、ぱーって投げられる。マジメに頑張りすぎると、子どもに当たっちゃうかもしれないからって。

西原　食事なんて適当に済ませて、お母さんが笑ってるのが一番。

枝元　お手紙には「孫はシイタケのグニャっていう食感が苦手」ってありました。だから、今回そうめんを焼き付けてパリパリにすることで、シイタケの食感をごまかそうかと。

西原　これだけ細かく切れば、ひき肉だって言ってもだまされますよ。キノコなんてね、中華かイタリアンに入れたら食べますよ。日本の料理の仕方が素材を大事にしすぎるだけなんじゃないかなって。

枝元　あははは。素材の味をぶち壊せばいいんだ。材料炒めて、焼き付けたそうめんにのせて完成！　大人はお好みでトウバンジャン入れたり、パクチーをのせたりすると、味が締まりますよ。

西原　そうめんせんべいですね。パリパリで中華味、おいしい！　子どもが嫌がるものは刻めばよし、黙って出せばよし、濃い味付けがよし、素材の味は大事にする必要なし！

枝元　その通り！

椎茸を工夫して
子供に食わす
べからず
もったい
ないやん
これはもう
大人の
食べもん
でええやん
焼き汁を
吸いつつ食べて
酒のアテ
あっコレおいしっ
知らなかったー
中1の時バレて
しまって横取りされてばっかり

ちらしずし

材料 4人分

ご飯――3合
ニンジン――1本
豆腐――1丁
シメジ――1パック
スナップエンドウ――80g
卵――2個

A

酒、みりん、しょうゆ――各大さじ2
きび砂糖――小さじ2
昆布茶――小さじ1

B　すし酢

米酢――1/2カップ
砂糖――小さじ3
塩――小さじ1

ゴマ、油――各適量

お好みで紅ショウガ

作り方

❶ ニンジンは1センチ角に切り、シメジはほぐす。フライパンに油を引き、豆腐を潰しながら炒める。ニンジン、シメジを入れて温まったら、Aを入れて煮詰める。

❷ 溶き卵に砂糖大1、塩少々（分量外）を加え、いり卵にする。

❸ ご飯にBのすし酢、ゴマ、❶を混ぜ、ゆでて食べやすく切ったスナップエンドウや❷、紅ショウガを散らす。

オムライス

材料 2人分

鶏モモ肉	1/2枚
ご飯	400g
マッシュルーム	4個
タマネギ	1/4個
ニンニク・塩コショウ・バター	各少々
油	適量
ケチャップ	大さじ4
牛乳	大さじ1/2

A　エダモン・スパイスミックス

カイエンペッパー	小さじ1
チリパウダー	小さじ1
ガーリックパウダー	小さじ1
あらびき黒コショウ	小さじ1
オレガノパウダー	小さじ2
クミンパウダー	小さじ3〜4
コリアンダーパウダー	小さじ3〜4
塩	小さじ5

作り方

材料を混ぜ合わせる。湿気を吸わないように蓋付きの瓶などで保存。

B　卵液

卵	3個
ピザ用チーズ	30g
牛乳	大さじ1/2

作り方

❶ モモ肉、タマネギはみじん切り。マッシュルームは薄く切る。モモ肉に塩とコショウを振る。

❷ フライパンに油をひき、ニンニクを炒める。香りがたったらタマネギ、肉、マッシュルームを加える。肉の色が変わったら、ご飯、ケチャップ、牛乳、バターの順に加えて炒める。お好みでAを適量入れる。

❸ フライパンを熱して油をひき、Bの卵液を作り半量を流して半熟になったら❷にのせパセリのみじん切り（分量外）をちらす。

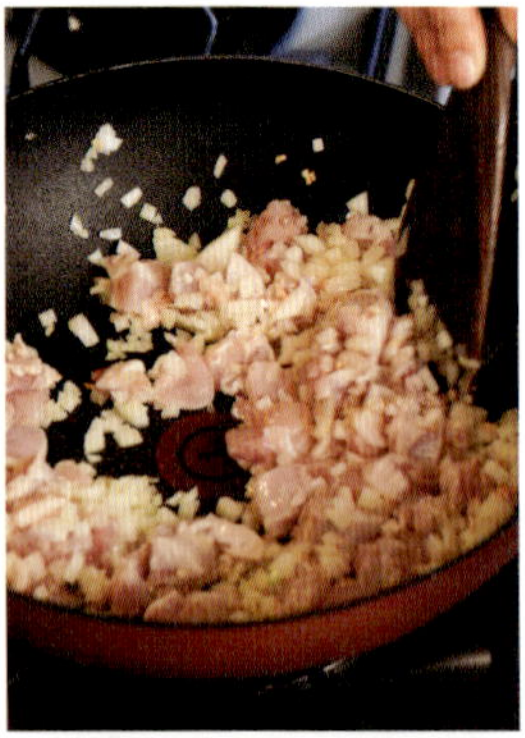

お内裏様、チェンジ！

枝元 春は入学・進級などのお祝い事も多い季節。食卓が華やぐ簡単ちらしずしを作ります。いり豆腐を入れるのが意外とうまいんです。

西原 豆腐は女子の主食だから。ダイエットにもってこい。

枝元 豆腐は水切りせず、そのまま炒めます。ちらしずしって干しシイタケを戻して煮て切って、錦糸卵を……と考えただけで「めんどくさっ！」ってなるけどこれなら簡単。すし酢もね、わざわざ買わなくてOK。

西原 すし酢、作ったことないな。

枝元 米酢½カップに砂糖小さじ3杯、塩小さじ1杯。これが基本で名付けて「枝元の酢のもと」！ 味の薄い具材の場合、塩を増やしても。あと、同量の水で割って、野菜を漬け込むと簡単ピクルスもできる。

西原 なるほど！ 基本を覚えておいて、アレンジするんですね。

枝元 ご飯は昆布を入れて炊きました。具材を混ぜて、ほら完成！

西原 彩りがかわいい！

枝元 1人分を作るのも簡単。すし酢があれば、お茶わん1杯分のご飯にかけちゃえばいい。

西原 私も、自分だけの酢飯、お茶わんで作りますよ。上に漬けマグロのせたりする。うん、すし酢もいいあんばいで、うまいです。自分のお昼ご飯にもぱぱっと作れそう。

枝元 ちらしずしといえばね、私が町おこしで協力している群馬県・老神温泉のひな祭りイベントが一段落したところなんですよ。

西原 どんなイベントだったの？

枝元 女の子だけじゃなくて、大人の女性がゆっくりできる一日になればと思って、ランチパーティーをしたの。年をとるほど、女はいつも誰かをもてなして、お祝いする側に回っちゃう。でも昔は「姫」として祝ってもらったでしょ。

西原 そうだよね。その後、お内裏様は何人も替えちゃったけどね。「チェンジ、チェンジ！」って。

枝元 あははは。いろいろあった大人の女性が「女に生まれてよかったな」って、自分自身をいたわり、お祝いする文化が広まればいいな、と。

西原 うんうん。あんなことやこんなこととして、祝ってもらえない人、自分で祝っちゃいましょう。

枝元 そうそう。忙しい毎日に、ちょっと気分が上がる一皿になるといいなと思います！

口いっぱいのしあわせ

枝元 春が恋しくて、あったかいイメージの料理が作りたくなりました。題して「春を待つオムライス」。

西原 すてき。オムライスって家族の思い出の料理です。子どもがもりもり食べて「おいしい！」って言ってくれるのがうれしかったなあ。

枝元 家の味があるよね。

西原 私は唐辛子入れてちょっとアラビアータ風にするのが好き。

枝元 大人の味ですね。

西原 白ご飯!!

枝元 赤くしちゃう前に一口いく？

西原 いや、オムライス待ちます。それがおはぎになるなら、今すぐ救出しますけど。

枝元 あはは。白米原理主義者もオムライスには目がないね。

西原 牛乳入れるんですか？

枝元 牛乳入れると、ご飯がもちゃっとならず、炒めやすくなる気がします。今日は西原さんにならって、ちょっとスパイス振っちゃう。クミンやコリアンダーを混ぜた通称「エダモン・スパイスミックス」。

西原 こりゃいい。鶏肉や魚にも合いそうなスパイス。

枝元 私、洋食屋さんだと、オムライス頼むか、ハンバーグか、エビフライか、すっごい悩んじゃう。

西原 私はだいたい、ハンバーグにエビフライや目玉焼きをトッピングして、もりもり幸せセットにする。

枝元 そうすると、オムライスは諦めるでしょ。でも誰かが頼んだのを見ると、もやっとしちゃうんですよ。

西原 私はお店では永遠にオムライスいけないんですよ、ハンバーグとエビフライにあらがえない。

枝元 だからオムライスって家庭で作るものなのかも。卵はチーズや牛乳入れると、火の通りがゆっくりで、半熟を作りやすい。さあ、完成！

西原 うーん、もうどうしよう！口いっぱいの幸せ！

枝元 うれしいなあ。仕事が料理って幸せだな。

西原 永遠に食べていたい。飲み込むのももったいない。

枝元 わーい！ こんな笑顔を見ちゃうと「100万回でもあなたにオムライス作ります！」って気持ちになるね。胸いっぱい！

誰が作ってもおいしくてシアワセの味オムライス
一番むつかしーのはとろとろーののっけ卵
ひっくり返さなきゃいいんです
そりゃそうだ
私はこれから一生オムレツもダシ巻きもこのぐちゃ卵でいく
でろろーん

ナスゴレン

材料 2人分

ナス——3本
鶏モモ肉——1/2枚
ニンニクのみじん切り——小さじ1
インゲン——80g
サラダ油——大さじ2と1/2
A
トウバンジャン——小さじ1
ナンプラー——大さじ1/2
ケチャップ——大さじ2
ご飯——お茶碗2杯分
卵——2個
塩少々

作り方

1. ナスは1センチ角、インゲンは1センチの長さ、鶏モモ肉は一口大にそれぞれ切る。
2. フライパンに油大さじ1と1/2をひき、ナスを入れる。塩を振り、しんなりするまで3〜4分弱火で炒め、一度取り出す。
3. フライパンに油大さじ1とニンニクを入れ、鶏モモ肉を炒める。色が変わったら、インゲン、ご飯を炒め合わせ、Aとナスを加えて全体を混ぜる。
4. 目玉焼きをのせ、お好みでトマトなどを添える。

エビとエリンギのショウガ炒め

材料 2人分

エビ――――200g
エリンギ――――150g
ショウガ――――1片
赤唐辛子――――2本
サラダ油（あれば米油）――――大さじ3

作り方

❶ ショウガは千切り、エリンギは食べやすく切る。エビに塩、コショウとサラダ油少々（分量外）を振って混ぜる。

❷ フライパンにサラダ油とショウガを入れ、混ぜながら弱火で3～4分、色づくまで熱し、引き上げる。

❸ 残った油に赤唐辛子を入れ、香りが立ったら、エリンギを炒める。温まって油がなじんだら、へらで押さえてしんなりとさせる。

❹ ❸にエビを加え、強火で色が変わるまで炒めたら塩、コショウで味を調える。❷をのせて完成。

油吸いのナス

枝元 インドネシア料理「ナシゴレン」のアレンジです。旬のナスを見ててふと「ナスゴレン」ってダジャレが浮かんで。ナシゴレンにナスを入れると、意外にイケるんです。

西原 いまいましいナスめ。

枝元 相変わらずナスを憎んでますねー。

西原 油を吸うし、色が変わるし、すぐ溶けるし。ナスをほめていいのは、天ぷらか水ナスくらいかなあ。

枝元 今回はあく抜きもなし。簡単にできるようにしました。

西原 冷蔵庫に入れてもすぐぐちゃってなるから、桃みたいに繊細に扱わないといけないでしょ。ナスにそこまでして食う価値なし!

枝元 そんなことない……あ、ナスがもう油吸っちゃった!

西原 ほらー!

枝元 ナスからまた油が出てくるから油は追加しなくて大丈夫ですよ。さて、別のフライパンで目玉焼きを。目玉焼き作るときは、フライパンにふたする派ですか、しない派ですか。

西原 しますね。黄身にしっかり火が通っているのが好きです。ターンオーバー（両面焼き）しちゃう。

枝元 へえー。今回はね、半熟で作りたいので、ものすごく弱火でふたをあけておきます。割とほっといても大丈夫ですよ。さあ、炒めご飯に目玉焼きをのせて完成!

西原 おいしい! ナス嫌いの子どもも食べてくれるかも。ナスの唯一いいところは「自分がない」ことだから、何に入れてもなじみますね。

枝元 ここにとろーんと黄身を流しますよー。この目玉焼きを崩すときの気持ちって……。

西原 人妻の不倫だな。

枝元 よいではないか、よいではないか。

西原 ダメよダメよと、耐えに耐えて……。

枝元 ついに決壊。

西原 一線を越えた人妻。

枝元 あはは、辛いご飯に卵がからんで、またおいしいですよね。

西原 でもやっぱりナス憎し。

枝元 うーん、西原さんのナス嫌いは手ごわいな。ナス好きの皆様、おすすめです!

エリンギを泣かせる

西原　エビちゃんですか！

枝元　久しぶりに魚介類を。エビだけにしようかと思ったけど、ちょっとお高いし、エリンギと一緒に。ショウガをたくさん入れますよ。

西原　ショウガとニンニクがこの世になかったら、世界中の料理が大変なことになるでしょうね。

枝元　確かに。ショウガの千切りを山盛り作って、油でじっくり揚げ焼きに。油にショウガの香りを移してショウガオイルを作るイメージ。

西原　油に香りを移すってよく言いますよね。他の材料と一緒に炒めちゃえば、全体に香りが移っていいんじゃないかって思うんですけど。

枝元　最初に炒めておくのは意外と大事なんですよ。特に香りが全然違ってくるんです。

西原　なるほどね。

枝元　さあ、ショウガが焼けました。お味見どうぞ。

西原　うん、おいしい！　ショウガの香りがふわっと広がる。これはショウガチップスですね。

枝元　この油でまずエリンギを炒めます。全体が温まったら、へらで押さえて「泣かせる」のがポイント。

西原　えっ？　「泣かせる」って何ですか？

枝元　炒めて十分温まってから押さえつけると、「きゅう」って音がするんです。私が勝手に「泣かせる」って呼んでるんですけど、火が通りやすくなるし、エリンギの水気が出て味が濃くなります。エビを入れたら強火でざっと炒めて完成です。

西原　この上にショウガを山盛り乗せるんですね。何だろう、中華料理屋さんのラーメンの匂いがする。

枝元　あはは、ほんとだ。

西原　あ、油が上品。ニンニクだと効き過ぎるけど、ショウガオイルは香りとうまみが上品です。

枝元　これをパンに付けたい……。

西原　いや、ご飯にでれっとかけて食べたい！　あ、焼きそばにしてもよさそうですね。

枝元　パスタも合うだろうな。

西原　ただ、ぐだぐだとしゃべっている間に、もうなくなった……。

枝元　ずっと食べてて、すみませーん！

これは絶品エビ炒飯の具さんと米さんが両家に反対され別れ別れに
私の口の中でかけ落ちさせちゃう
うま〜うま〜
えび米油しょうがにんにくきのこダシ〜
あれっ? これ高級ラーメンの味がする
麺入れて三角関係にしちゃう

アジのソテー　パクチーソース添え

材料 2人分

- アジ――2匹
- 薄力粉――適量
- A　パクチーソース
  - パクチー――1束
  - 新ショウガ――30g
  - 青唐辛子――4本
  - ナンプラーとレモン汁――各大さじ3
  - コショウ――少々

作り方

❶ アジを三枚に下ろし、骨とぜいごをそぎ切る（フィレならそのまま）。塩少々（分量外）をまぶし、10分ほど置いてから、水気をとる。

❷ ❶に薄力粉をまぶし、フライパンでアジの背側から片面2～3分ずつ焼く。

❸ ソースを作る。パクチー、新ショウガ、青唐辛子をみじん切りにして、ナンプラー、レモン汁を混ぜて、コショウを加える。ソースをアジに添える。

サンマのソテー　カレーソースがけ

材料 2人分

サンマ――2匹
塩・オリーブ油――各少々
A　カレーソース
- カレー粉――小さじ2
- ニンニクのすりおろし――小さじ1/2
- 酢・酒――各大さじ1
- しょうゆ――大さじ1/2
- マヨネーズ――大さじ3

作り方

1. サンマの頭と尾を切り落とし、半分に切る。両面に軽く塩を振り、オリーブ油を薄く塗る。オーブンペーパーを敷いたフライパンに並べ、両面を焼く。
2. Aのカレーソースを作る。耐熱容器にカレー粉、ニンニク、酢、酒を混ぜ、ラップをせず、レンジで30～40秒加熱する。そこにしょうゆとマヨネーズを加え、よく混ぜる。
3. ①に②をかける。お好みでコショウを振ったり、ゆでもやしやレモンを添えても。

朝ご飯にぴったり

枝元 初夏においしいアジです。今日は三枚に下ろしますけど、私、実はちょっと苦手で。

西原 私は魚屋さんで捌いてもらう。

枝元 魚屋さんに「なんで魚は高いんですかね」って聞いたら、「昔は各家庭が一匹丸々買って調理してたから、安く売れたけど、今は刺身や切り身じゃないと買ってくれないから、高くなるんだ」って。

西原 このあいだ、でっかいカレイをいただいたけど、おすし屋さんに持って行っちゃった。

枝元 おすし屋さんは本当に手間がかかる仕事。働き者じゃないと無理ですよね。

西原 とにかく一日中立ってるよね。仕込みして、握って、明け方には築地に出かけて。こないだ知人のすし職人が「夜明けまで働いて、酒飲んで、酔っ払ったまま築地に行っちゃうから、つい歩留まり考えずに買いすぎる」ってぼやいてた。

枝元 あはは。築地はテンション上がっちゃいますよね。

西原 先日も築地でこんな大きなブリを見て、つい考えなしに知り合いに贈ったら、「主婦5人がかりで料理した」って聞いて。悪いことしちゃったなって思った。

枝元 「これってもしや……いじめ？」みたいなね。

西原 そうそう。高知でいい魚や野菜見ると「これ枝元さんに送ろうかな」って思うけど、「いやいや、あの人は、いつもこういういじめにあってる」って思い直すんですよ。

枝元 えへへ、大丈夫ですよ。さあ、魚の下準備が終わったら、ソースを作ります。

西原 一気にタイっぽく。

枝元 ここに砕いたナッツや焼いたニンニク入れてもいいんですけど、今日はあっさりで。魚を焼いたら完成です！

西原 うん、アジがふわふわで朝ご飯にぴったりです。またこの緑の汁がすごい合う！　新しい食べ方。

枝元 焼きそばやお肉にも合うんですよ。作り置きを冷凍できるし。

西原 パクチーは大好きなんだけど、いつも値段が高くて腹が立つ。庭の草でもいいんじゃない？

枝元 いやいや、スイセンの葉っぱをニラと間違えて食べて、救急搬送された方もいるから！

西原 そんときは、寿命ってことで。

枝元 違う、違う。お気をつけくださーい！

禁断のマヨネ

西原　見て、このピカピカのサンマ！もう丸のみするくらい好き。

枝元　よい子はマネしないでねー。やっぱり青魚がお好きですか。

西原　はい。カレイとかの白身魚はどうもね……。正直、よく分かんねえな。「鶏のささみか？」って思うこともある。

枝元　あははは。今日はね、塩焼きに飽きたら、ぜひ試してほしいカレーソースをご紹介したいんです。

西原　サンマのうまみを殺さない？

枝元　これが合うんです。サンマのワタを残して半分に切ってフライパンで焼きます。グリルで焼くとおいしいけど、ない家も多いかなと。

西原　グリルは掃除が面倒。アジの干物ごときでグリルを上から下まで洗うときの切なさったらない。

枝元　フライパンだと気軽ですよね。オーブンペーパーを敷くと焦げ付かずにきれいに焼けます。

西原　おお、このパチパチってサンマが焼ける音がいいですねー。

枝元　この間にソース作りを。カレー粉とニンニクとお酢と……。

西原　お酢!?　意外な組み合わせ。

枝元　いったんレンジにかけてアルコール分や水分を少し飛ばしてマヨネーズを加えます。

西原　んん!?　これはうまい！　生野菜のディップにしてもいいし、何にでも合いそう。このお酢で酸味がきいて、大人の味です。

枝元　サンマが焼けてきました！

西原　うわっ、脂がすごい。己の脂で勝手に揚げ焼きになってますよ。

枝元　いい感じ。カレーソースをたらりとかけて、どうぞ！

西原　ほくほくです。たまらん。

枝元　私も一口。うん、いける！

西原　このワタの苦みにソースがからむと、独特のうまさ。こんなにワタをおいしくいただけるとはちょっとびっくり。

枝元　ちょっとアンチョビマヨネーズみたいですよね。

西原　今年はサンマがあんまりとれなくてお値段も高かったんですよねー。サンマちゃん、来年はちゃんと来るんですよ。

枝元　あはは、サンマに言い聞かせてる。

サンマより このマヨネやあっ
パイセン
マジヤバイす
イヤーそんなー
エダ公がまたどこの冷蔵庫にも入っとるアレとコレをちゃっちゃとまぜるだけでとびきりの味になるソース作りよったで
ただの太る脂ですよー

キムチ餃子

材料 20個分
豚ひき肉・白菜キムチ――各200g
ギョーザ皮――20枚
A
しょうゆ・酒・ごま油――各大さじ1/2
コショウ――少々

作り方
❶ キムチをざく切りにする。豚ひき肉にAを加え、練ってからキムチを混ぜる。

❷ ❶を20等分して皮に横一文字にのせ、棒状に巻く。

❸ フライパンにごま油（分量外）を引き、❷の巻き終わりを下にして並べる。強めの中火で焼き色がつくまで焼き、裏返して2分ほど焼く。湯1/4カップ（分量外）を振って、ふたをして、2〜3分間弱火で蒸し焼きにする。ふたを取り、水分を飛ばしてカラッとさせたら完成。

豚のショウガ焼き　カレーソース風味

材料 2〜3人分

豚ロース薄切り――300g
カレー粉――大さじ1/2
A
　酒・しょうゆ――各大さじ3
　みりん――大さじ2
ショウガ――1片（60g）
サラダ油――適量

作り方

❶ 豚肉にAを振る。ショウガをすり下ろし、半量分の搾り汁をもみ込み、カレー粉をまぶす。10分ほど置いて下味をつける。

❷ フライパンにサラダ油をひき強めの中火で熱する。❶の肉を汁気を切ってから並べ、肉のふちが白くなれば裏返して両面を焼き、肉を重ねる。空いたところに残りの肉も広げて同様に焼き、❶で残った調味料と残りのショウガを加えてからめる。

❸ お好みでキャベツやトマトを添え、マヨネーズをかけても。

キムチがどうにかしてくれる

枝元　夏本番！　暑くてマジメに料理なんてしてられない！　そんなあなたに、キムチで簡単餃子をご紹介します。

西原　結構キムチをたっぷりいれるんですね。

枝元　キムチは野菜もニンニクも入ってて栄養満点。タネはキムチをざく切りにして、ひき肉とアバウトに混ぜるだけ！

西原　真っ赤っか！　ええ眺めやなあ。

枝元　もう包むのも面倒だから、棒餃子にしちゃいます。

西原　「おにぎらず」ならぬ、「つつまらず」？　「餃子《ぎょうざ》らず」？

枝元　あはは。餃子作りながらのおしゃべりって楽しい。

西原　また、くだらない話になりますけどね。

枝元　こうやって巻いていて、タネの量が皮の枚数とぴったり一致するとうれしいんですよねー。あ、ちょうどぴったりだ！

西原　わあ、素晴らしい！

枝元　ああ、もうどうしようー。良妻賢母かもしれないー。

西原　仲良しの作家、岩井志麻子ちゃんがそういうの上手で。それをブログで書いたら「営業妨害だわ！」って怒られて。

枝元　何で？

西原　「スケベ作家で売ってるんだから、『実は家庭的』なんて書かれると商売あがったりよ！」って。

枝元　あははは。巻き終わりもわざわざ留めず、下にして焼いていきます。油を引いておくと、焼き色がきれいにつく。さあ、キムチ餃子、完成です！

西原　うん、間違いないうまさ。これはもう、肉をつなぎにキムチを食べてる感じ。いつものエダモンなら、ここに餅とチーズを入れてますね。

枝元　いや、実は焼くときにチーズ入れようかと……。

西原　また、あやうく「あかん飯」を作るところだった！

枝元　あはは、チーズも相性抜群なんですよー。

西原　これなら暑い夏にもスタミナつきますよ。ギョーザらず、ありです。オススメ！

いろいろ刻んで入れなくていい
ひき肉こねなくていい
みっちり包まなくていい
キムチがどうにかしてくれる
無策無為餃子
人生もこうだとなあ
うまさがしみてかえってアダに

恐ろしや恐ろしや

枝元 今日は基本のショウガ焼きにカレー風味をプラスします。

西原 豚の脂にカレーじゃ、食欲が進むばかりじゃないですか。

枝元 ショウガ焼きは鉄板のおかずですよね。西原さんは甘い派?きりっと派?

西原 私はきりっと派ですが、子どもは甘い派ですね。

枝元 そしたら、お肉100gあたり酒・しょうゆは大さじ1ずつ、みりんは少なめで。カレー粉とショウガ汁を加えて10分ほど置きます。

西原 お肉は焼く前に室温に戻すとおいしいんですよね。

枝元 はい。肉って冷たいところから急に熱いところにいくと縮みやすい気がします。さあ、フライパンで油を熱して肉を焼いていきましょう。ショウガ焼きって手早くできるからいいですよね。

西原 それでいて、立派な料理感がありますよね。

枝元 ショウガ焼きってお肉の厚さとか、タマネギを入れたり入れなかったりとか、いろんなバージョンがありますしね。

西原 おうちの味やお母さんの得意料理にしやすいのかも。

枝元 最後に半分残しておいたショウガを追加すると、ショウガの風味が更に強くなります。

西原 追いショウガですね。

枝元 そうそう。できました!何とも男子好きのする色合い。そしてここに……。

西原 マヨネーズ!?

枝元 行かせていただきます!

西原 豚にカレーにマヨ! また出たよ、「あかん飯」!

枝元 うん、ご飯が進む。

西原 うわっ、うまっ。カレーにショウガが勝ってますね。

枝元 もうちょっとマヨ追加しちゃおうかなー。

西原 奥さん! 思いとどまって!

枝元 ぶちゅー。

西原 きゃー! 肉の脂にマヨでさらに潤滑がよくなって、そうめんのように肉がするすると入っていく。恐ろしや、恐ろしや。

枝元 あはは、完食早っ。食べ盛りの方々、ぜひどうぞ!

そば屋のランチで誰かがカレーを
たのむとその香りで次々と客が
カレーを注文し始める
そんな人さらいのカレーに豚肉のしょうが焼きを合わせる
鬼平もべっくりの凶悪複合犯罪おかわり
この仕事はじめて
背中の肉が重くなった
ぷー

里芋と鶏肉のエスニック炒め

材料 4人分

里芋	8個(500g)	砂糖	大さじ1
鶏モモ肉	1枚	ピーナツバター	大さじ1と1/2
サラダ油	小さじ1	豆板醤	小さじ1
酒、みりん、しょうゆ	各大さじ1/2	パクチー、ピーナツ	適量
水	1/2カップ		

作り方

1. 里芋はよく洗い、皮付きのまま、半分に切る。耐熱ボウルに入れてラップをかけ、レンジで10分加熱する。しばらく蒸らしてから、粗熱を取り、皮をむく。
2. 鶏肉を一口大に切る。フライパンにサラダ油を引き、肉の皮を下にして、強火で2~3分焼く。焼き色が付いたら裏返し、色が変わるまでさっと焼く。
3. 里芋を入れ、一混ぜする。砂糖、酒、みりん、しょうゆの順に入れ、木べらで里芋を割りながら、アルコール分を飛ばして、煮からめる。
4. 水を入れ、落とし蓋をして5~10分煮る。ピーナツバターと豆板醤を加えて混ぜる。お好みで刻んだパクチーとピーナツを加え、完成。

サツマイモと鶏胸肉の炒め物

材料 4人分

サツマイモ――2本
鶏胸肉――1枚（約300g）
サラダ油――大さじ2

A
しょうゆこうじ――大さじ1
酒――大さじ1

※Aはしょうゆ・酒各小さじ2、みりん大さじ1/2で代用可

作り方

1. サツマイモは皮付きのままよく洗い、1㎝角×3～4㎝の棒状に切って5分水にさらして、水気を切っておく。
2. 鶏胸肉の皮と脂を取り、繊維にそって1㎝角の棒状に切る。Aをもみこみ、10分ほど置く。
3. フライパンにサラダ油を引きサツマイモを並べ中火で6～7分、竹串が通るまで焼いて取り出す。
4. 弱火で2を2～3分炒め、3のサツマイモを戻し、塩またはしょうゆ少々（分量外）で味を調える。

鶏皮はうまみと心得る

西原　昔は里芋の煮っころがし、よく食卓に出てたなあ。土佐じょうゆで真っ黒に煮てあるの。飽き飽きしてた。

枝元　私、里芋の煮っころがしを作るのが苦手で。可愛くまん丸の状態で、味を染ませるのが難しい。ある時から「もういい！　崩しちゃえ」と思って、このレシピを考えました。

西原　うちの田舎の煮っころがしは、ぐっちゃんぐっちゃんで、オートミールみたいよ？

枝元　そういうの結構好きです。里芋は「100gあたり、レンジ2分」を目安に加熱して皮をむくと簡単。鶏肉を皮側から焼きます。油が出るので、ペーパータオルで取ってもよし。これをうまみと考える人は……。

西原　はい、私です！

枝元　では、このままで。里芋は味が入りにくいので、潰しながら味をからめていきます。そして、ピーナツバターの登場！　どろっとした感じで完成！

西原　懐かしい。小学生男子が泣いて嫌がる真っ茶色！

枝元　このとろっとしたところがおいしいんですよ。

西原　あ、バターのコクがうまい。新しい味。これは「里芋の煮っころがしネオ」ですね。

枝元　割と男子も好きそう。

西原　うん。しょうゆ味って飽きちゃうんですよね。バターとチーズは間違いない！　これがまた太るんだけど。

枝元　大丈夫ですよ。みんなで太れば怖くない！

西原　小じわできなくていいんだよ、太ってると。二人ともどすっぴんで、つやっつやだもんね！

枝元　そこの奥様も一緒に平均体重上げましょ。ふふふ。

鶏肉を一枚
えーとやっぱ
二枚入れて
ショーユ三杯
あ、やっぱ
もうちょっと、
里芋
なんかちょっと
残しても
アレだから
全部入れるね
味見、ちょーっと
薄いからもーちょっと具を
エダモンプロじゃなくて
おかんの飯の作り方
また味見の一口がでかいでかい
どんどんふえるレシピ量

料理界のおネエ

枝元　秋です。芋掘りの季節です。幼稚園児のいるご家庭だと、芋掘りで持って帰ってくるでしょう。「サツマイモをおかずにするにはどうしたら?」ってよく聞かれるの。

西原　外遊びが気持ちいい時期ですよね。私、保育園や幼稚園のちびっこがどっさり入ったリヤカーを先生が引いて散歩してる姿が大好きで。

枝元　分かる！　私も大好き！「子供つくだ煮」みたいで。

西原　あはは。見かけるともうたまらなくて、「あらーお散歩なのー」って「脳内話しかけ」が始まっちゃう。

枝元　あれはほんとかわいい。さあ、作っていきましょう。おかずとして作りたいので、たんぱく質を入れ、甘じょっぱくと思って、胸肉としょうゆこうじを使うことにしました。

西原　おお、このしょうゆこうじは手作りですか?

枝元　はい、こうじにしょうゆを注いで置いておくだけだから簡単。お肉100gあたり、しょうゆこうじ小さじ1と覚えておくといいです。さあ、芋と肉を炒め合わせて完成！

西原　何か、戦国大名の食べ物みたいですよ。「信玄飯」とか適当に名付けて出しちゃえば結構売れそう。

枝元　あはは、確かに。

西原　うん！　お肉にあっさりとしたうまみがあっておいしい！

枝元　よく煮物でお砂糖入れるでしょう。サツマイモは最初から甘いから砂糖抜きで肉じゃが作るみたいなイメージです。

西原　昔は箸休めに甘い煮豆とかが出て来ると「食事中に甘い物なんて食わねえよ」って怒ってたけど、最近甘いおかずもいいなって思う。

枝元　お弁当に入っていてもいいかも。ぜひ作ってみてください！

お菓子だけど肉入り
両方持ってる
料理界の
おネエ
どっちの
お好きな
方にも
イケる
わよ
腹に入ったら一緒や
ちなみに多くの
おばさんは年いくと
おっさんになります

豚のみそ漬け焼き

材料 4人分

豚（肩）ロース――4枚
みそ――大さじ4
甘酒のもと――大さじ4
（酒かす大さじ4+みりん大さじ1で代用可）

作り方

1. みそと甘酒のもとを混ぜておく。肉の両面に塗って、ラップで包み、冷蔵庫で2時間以上置く（約1週間保存してもおいしい）。
2. ❶を焼く前に、肉についた調味料をこそぎ落とす。グリルパンで（フライパンの場合は油少々を敷き）、肉の片面を弱火で約4分焼く。表面に水滴が浮き始めたら、ひっくり返し、また4分ほど焼く。お好みで細ネギ（分量外）などを添えて。

発酵食品にまかせる

西原 甘酒のもとか。ばあちゃんが冷蔵庫にため込んでる。

枝元 江戸時代、甘酒は食欲が減退する夏に「飲む点滴」として重宝されたみたい。それだけ栄養豊富なんですよね。

西原 ああ、ばあちゃん、また生き残ろうとしてるんだ。

枝元 あはは。みそとこれを練り、豚肉を漬け込めば、軟らかくなるし、約1週間保存した状態でもおいしく食べられます。このまま焼くと焦げやすいので、みそなどをこそげ落として焼きますね。では、いつものお約束通り。

西原 はい、すぐひっくり返したり、いじったりしない！

枝元 その通り！　では、しばしストレッチでも。手のひらを背中でくっつけてみたり。

西原 すごい！　背中のチャックを自分で閉められますね。

枝元 誰かに「ねえ、閉めて？」って頼みたいところだけど(笑)　肉のふちが白っぽくなって、水滴が表面に浮いてきたら、ひっくり返し時です。

西原 おお、見事な焦げ目！

枝元 裏面も4〜5分焼いて、竹串で刺して肉汁が出なかったら完成。火を止めて、しばらく温かいところに置いておきます。では切ってみましょうか。

西原 ほんのりピンク色！　いただきます。うーん、味もよく染みておいしい！

枝元 うまいっ。発酵食品は日本の誇るべき調味料ですっ。

西原 これをね、日本のバーベキューとして普及させたい！

枝元 ぜひ！　ところで「殿様焼き」って分かりますか？　魚は弱火で、殿様みたいにおっとり構えて焼くといい、と言われるんですけど、今回の肉もそのイメージですね。

西原 焼き加減、絶妙だった。ローストビーフとか難しいんですよね。

枝元 そう、もう嫌になる。ローストビーフを作る日の前の夜は、緊張して緊張して。

西原 前に作ったら、鰹節みたいにぱさぱさになって。もう完敗。これからは外で買います。

枝元 昔、テレビの収録で、「いい感じです、今です！」ってひっくり返したら、真っ黒だったことがある。

西原 あははは。

枝元 表面に焼き色が付けば、「少し早いかな」ってくらいで火を落として、余熱で仕上げるのがコツです。

ごはん春巻き

材料 8本分

ご飯――2合
鶏モモ肉――1枚
ニンジン――1本
シイタケ――4枚
インゲン――100g
A
　酒・オイスターソース――各大さじ2
　しょうゆ・トウバンジャン――各小さじ1
春巻きの皮――8枚
小麦粉――大さじ2
水――大さじ1
揚げ油――適量

作り方

❶ 鶏モモ肉、野菜類は1cm角に切る。鶏肉を炒め、白くなったら野菜を入れ、Aを加えて炒める。

❷ ❶が熱いうちにご飯に混ぜ、塩、コショウ（分量外）で調味。

❸ ❷を8等分し、皮で巻き、水溶き小麦粉で巻き終わりを留める。170℃に熱した油できつね色になるまで揚げる。トースターで焼く場合は、油を塗って約15分間こんがりするまで焼く。

ナスの和風グラタン

材料 4人分

ナス――6本
タマネギ――1/2個
ひき肉――200g
ニンニク、ショウガのみじん切り
――各小さじ1
ピザ用チーズ――80g
A
豆板醤――小さじ1
鶏ガラスープの顆粒――小さじ1/2
酒・みりん・みそ――各大さじ3
水――1/2カップ
サラダ油――少々

作り方

❶ ナスを長さ半分に切って、縦に3～4枚に切る。水4カップに塩大さじ1を溶かした塩水（分量外）に3分ほどつけてアクを抜き、水気を切って拭いておく。タマネギはみじん切りにする。

❷ 肉みそを作る。フライパンにサラダ油を引いて、ニンニクとショウガを炒め、香りが立ったらタマネギを炒める。ひき肉を加え、色が変わったら、Aを順に加え、軽く煮詰める。

❸ ナスは別に、軟らかくなるまで焼き、オーブン皿に重ならないように広げて敷き詰める。ナスの上に❷を広げてのせ、その上にチーズを散らす。更にナス、❷、チーズの順に重ねる。

❹ ❸を190℃に予熱したオーブンまたはオーブントースターに入れて、12分ほどチーズがとろけるまで焼いて完成。

やっぱ油やね

枝元　行楽シーズンにぴったり、手で食べられるオススメ料理なんです。まず、中華風の味付けにして混ぜご飯を作っておきました。具が多いほうがうれしいですよね。

西原　絶対うれしい。うん、これは巻く前に全部食べちゃううまさ！

枝元　私ね、ご飯春巻きを高速道路のサービスエリアで売ってほしいなって。運転中にも食べられるでしょ。油で手がすべるかもしれないけど。

西原　あははは。揚げたら、中が油茶漬けにならないんですか？

枝元　意外と入らないの。あと何本か、オーブントースターで焼いてみましょう。

西原　私、オーブンペーパーって、2、3回使い回しちゃう。

枝元　あ、私も使う！

西原　ラップも使い回してたら、アシスタントの子にすごく怒られた。

枝元　うちの母、ビニール袋も洗って干していましたよ。でも、洗う水を考えたらどっちが得か分からないなって思うけど。

西原　使い捨てのものは案外捨てた方が環境のためにもいいっていいますよね。洗濯もバカにならない。私は使い捨てふきんに行き着きました。朝から一日テーブルとかを拭くのに使って、一日の最後に床を拭いてから捨てる。

枝元　厚手のやつですね。トイレや床掃除用のもありますよね。

西原　でも私ね、裏表はきちんと使う。ばあちゃんはそれをひっくりかえすのが嫌だっていって捨てるから、それでけんか。ばあちゃんは「タクシーを我慢しろ」って。「タクシーに2回乗ったら、お米が5㎏買えるぞね」っていうのが淑子の理屈。

枝元　オーブンペーパー使い回すって淑子さんと気が合いそうだけど、意外と西原さんと気が合っちゃった。さて、完成です！

西原　うん、オーブンで焼いたのもいいけど、揚げた方が断然うまい。行楽にこれがあると最高！

枝元　うん。おかずなくてもこれ一品で満腹。夏場のお弁当にもいい。

西原　中は、炊き込みご飯でも、チキンライスでもおいしいと思う。やっぱ油やね！

以前ネットで「エダモン&サイバラ二人共いいもん食って太ってる太り方だよな」と言って下さった方
ちがいます
米に衣つけて油で揚げて手軽に何個でもとかこんな料理で太ってます
手も口もぬらぬらぬら
それ乳液だと思ってほっとけばいいのよ

「男捨離」のススメ

西原 私の憎いナス！
枝元 秋も深まるとおみその味が恋しくて。人気者のナスのミートグラタンを和風にアレンジです。
西原 こら、ナス！　塩水でアク抜いて水気切って拭いて……って、焼くまでにどんだけ手間かけさすの！
枝元 その間に肉みそを作ります。タマネギを最初に炒めてからひき肉を入れると、タマネギの湿気で肉が固まらない気がします。
西原 それは大賛成です。ひき肉は炒めると固くなると思ってて。
枝元 肉みそはキノコ類入れてもいいし、作り置きに便利。それとは別にナスを軽く焼いておきます。
西原 えっ、ナスは別で⁉
枝元 大して稼ぎのない男に尽くしてる気分ですよね。
西原 あーあ、別の男と一緒になっとったら、苦労せんですんだのに。
枝元 働きもせんでな。風呂出たら自分で体拭いてほしいわ。
西原 どうせ手かけるなら、Ａ５の牛肉がええわ。
枝元 あはは。焼いたナスをオーブン皿に一枚一枚並べて敷き詰めます。重なってると油の吸い具合にむらができるので。
西原 ええ⁉　一枚一枚丁寧に？
枝元 せやけど、そのちょっと手のかかるところが好きやねんなあ。
西原 別のん探した方が早いで！　忙しい女ほど男を捨てられないんです。「男捨離《だんしゃり》」！　使えない男は捨てる！幸せをつかむにはそこから！
枝元 ナスと、肉みそ、チーズを順に重ねてオーブンにイン！
西原 ああ、長かった。
枝元 さあ、焼けましたよ～。うーん、このナスのとろっと感が最高。
西原 おいしいですよ。ナスを食べるのは好きなんですよ。これだけ手間かけるには値しないってだけで。
枝元 いいヤツなんやけど～。
西原 こうやって安いナスに手をかけて手をかけて、面倒みる女は幸せを逃しますからね。
枝元 いやーん！

油吸いまくるし
色かわるし
煮たら溶けるし
アク抜けとか言うし
今回だけやで
特別に手ぇかけちゃる
なすの和風グラタン
ホホホ
悔しかったら私にうまい油を吸わせてごらん

男捨離

我が家でコロッケは手作り禁止である
100円出せば商店街でとびきりおいしい揚げたてコロッケが買える
はいよ
熱いよー
ああこの幸せのシュンカン
手作りしていいもんと悪いもんがある
その他 焼き鳥 メンチカツ モツ煮とかー コスパ悪すぎ料理
それ作ってるそこのあなた
男にも余計な手をかけてませんか?
使えない男は育ちません
捨てましょう
さあ自分が幸せになるために
男捨離

みんなでつくろう!

西原一家も参戦!

「毎日かあさん」や「おかん飯」の撮影時に
たびたび話題にのぼる「西原家のからあげ」。
みんなで作って、みんなで食べよう、ということで
はじまりました。このコーナー。
さて、どうなることやら。

伝説の

西原家のからあげ

漫画界随一のくいしんぼう・西原画伯の鉄板料理、伝説のからあげ、ついに登場！絵筆を包丁に持ちかえて、腕をふるいます。

枝元　今日は伝説の西原さんちのからあげレシピを教えていただきます！やったー！

西原　めでたいときは揚げ物！　しょうゆからあげは、高知の鯨の竜田揚げのレシピなんです。ニンニクベースの濃い下味が、東京の息子や娘の友達にもやたら受けて。決めぜりふは「これで素材の味をぶち殺す」。

枝元　あははは。

西原　今はね、大分・中津のからあげを参考に、リンゴと昆布茶を入れた「塩からあげ」にもはまってます。

枝元　なるほど、リンゴかあ！　うまみもあるし、肉を軟らかくしてくれるんですね。勉強になるなあ。

西原　肉に粉をつけたら、焼酎を霧吹きでスプレー。テレビ番組で見たんですけど、うまみを閉じ込めて、カラッと揚がるとか。

枝元　よし、揚げていくぞー！

西原　先日も、息子が連れてきた野球部の友達が大皿のからあげ、全部食べてさあ。「友達の分も残してね」っ

西原家のからあげ（しょうゆ・塩）

材料 各5人分

鶏もも肉……2kg
ニンニク……½玉
ショウガ……½個
日本酒……大さじ1
しょうゆ、みりん……各大さじ2と½
かたくり粉、米粉、焼酎……各適量

A
リンゴ……1個
昆布茶……小さじ1
塩……大さじ½
ごま油・一味唐辛子……各少々

作り方

❶ 肉を一口大に切る。

❷ ニンニク、ショウガ、日本酒をフードプロセッサーにかける。

❸ 肉に下味をつける。

「しょうゆ味」は❷の半量としょうゆ、みりんを混ぜて肉1kg分にもみ込む。

「塩味」はAをフードプロセッサーにかけ、そこに❷の半量を加えて混ぜて肉1kg分にもみ込む。

❹ ❸をそれぞれ2時間以上寝かせる。塩からあげは一晩以上寝かせるのがおすすめ。

❺ ❹の水気を切り、かたくり粉と米粉を同量ずつ混ぜたものをまぶす。お好みで焼酎を霧吹きでふきつける。

❻ 180℃に熱した油で❺を6分ほど揚げ、最後に火を強めカラッとさせて引き上げる。

*体育会系男子向けのたっぷり分量です。ニンニクなどの量は西原家の味をもとに計量したものです。
ご家庭のお好みの味にアレンジしてください。

何度も言いますが
ニンニク、ショウガの量は
各家庭のキアイと責任で
全部揚げた
後は
エダモンの
部屋が
夏場の
動物園の
うらがわの
においになり……
揚げ逃げ
油

て頼んだのに、「分かりました」って言った先から食べてるのよ。

枝元 かわいすぎる。

西原 「おいしくて全部食べちゃいました」って一言すら言えないの。「うーっす」「ばっちこーい」くらいしか言ってないから。

枝元 あはは、男子って、ダメね。さあ、揚がったかな。食べていい？

西原 どうです？

枝元 これ、やばい！　止まらないんですけど。癖になる。

西原 大量に揚げて、クッキングペーパーでくるんで冷蔵庫に置いといたのをまたオーブンで焼き直すと、味がなじんでおいしいんですよ。うちじゃ「からあげは3日目がうまい」って言ってるくらい。

枝元 つまみ食いで、鶏モモ1枚分くらい食べちゃったかも……。

西原 ニンニク臭プンプンで今年も元気にスタートだ。さあ、今年はエダモンのせいで、何kg太るかな。

枝元 ダイエットだってしますよー。でも、おかわりいきまーす！

息子お手伝い編

エンパナーダ&蒸し豚の照り焼き

エダモンの白米が進む料理に導かれ、
年明け早々、西原一家がキッチンスタジオに飛び入り参加！
おかわりがとまりません。

西原家の息子登場！

枝元　福島の読者から「南米の郷土料理エンパナーダをぜひ食べてほしいです。テレビ番組で知り作ってみたら、家族にも好評。今では我が家の定番メニューです」というお便りが届きました。今日は西原さんのご家族が飛び入り参加です。ようこそ！

西原　今週は息子の雁治がお邪魔しまーす。「息子お手伝い編」ですね。

枝元　今回の料理はリクエストくださった読者の息子さんの好物で、食卓に毎週登場したとか。お便りのレシピを参考に作っていきましょう。具材を炒めたら、生地作り。雁治君、ご一緒にどうぞ。

雁治　俺で大丈夫ですか？　不細工な形になりそう。

枝元　ぜひぜひ。生地を延ばして具材と卵を包んで。うん、そんな感じ。

西原　雁治はゆで卵苦手でしょ。

枝元　じゃあチーズ入れます？

雁治　大好きです。

うちの淑子ばあちゃんが老化防止に
ええて買うてフタ開けてバシでフワ
て、ほったらかしの高級ミランダ・カーの
ココナツオイル
正しい
使い方
ついに
教わり
ました
すっげー
サクサク
うますぎー
あんたこれ
老化防止
効いてるで
83歳が81歳に
見えるで
ほうかね
みらんだ

枝元　具材を包んで揚げたら完成！　意外と簡単でした。お味はどう？

雁治　ひき肉とトマトが合いますね。すごくおいしい。

枝元　ボリューミーだけど、トマトの酸味が利いて、脂っぽくないね。

西原　（雁治君の友人の）手塚君なら何個食うかな？

雁治　8個全部じゃない？

枝元　手塚君って、マヨネーズを全部空けちゃう子？

西原　そうです！　手塚君が、私が

寝た後に作る「雁治飯」があって。
雁治　「雁治飯」って言ってほしくないんだよね。
西原　手塚君が「雁治んちで食う飯だから」って。どんぶりご飯に……。
雁治　納豆、マヨネーズ、チーズ、バター、しょうゆを……。
西原　ぐちゃぐちゃに混ぜるだけ。
枝元　ちょ、ちょっと待って。
雁治　俺がバターしょうゆご飯を夜中に作ったら、手塚が「俺も」って3杯作ったんですよ。キムチとかニンニクとかある物全部入れて。
西原　朝起きたら、家中くさくてしょうがない。台所が「ここは犯行現場ですか?」って状態。
枝元　マヨネーズとバターとチーズを合わせるセンスがすごすぎる。
雁治　「脂ものビッグ3」って感じ。
西原　「息子やばい飯」だよ。
雁治　だから俺じゃないって!

肉の塊で男子めし

枝元　次は雁治君のための肉の塊料理です!
雁治　ありがとうございます!
枝元　蒸して焼くと脂が落ちてさっぱり食べられます。この蒸し汁を一晩置いて、上に固まった脂を取り除くと、いいスープになるんですよ。
西原　脂は炒め物とかに使える?
枝元　はい、または、ホイップクリームにしていただいても。あはは。
西原　ハンドクリームにしてもいいわねー。オーガニックで高品質。
枝元　動物性シアバターっす。
西原　このスープも使えそう。先日、カニと肉でしゃぶしゃぶをした後のだしで作ったリゾットがうまくて。
雁治　7割方、手塚が食べました。
枝元　もう、手塚君に会いたい!たくさん食べてもらえるって最高。
雁治　呼んだらすぐチャリで来ますよ。暇で河口湖まで行くヤツなんで。
枝元　いつか「男子たちの限界まで食べる飯」作ってみたい。さて、豚バラは蒸しただけでもおいしいけど、ご飯が進む照り焼きを作ります。
雁治　あっつ!
枝元　あ、脂はねちゃった?
西原　お母さんはね、面の皮が厚すぎて、ちっとも痛くないよ。お尻で携帯が振動してても気づかないからね。ほら、エダモンだって。
枝元　全然!　死ぬわけじゃなし!
雁治　俺は痛い。

エンパナーダ

材料 8個分

【具】

- 合いびき肉……300g
- ニンニクみじん切り……1片分
- タマネギ……½個
- A
  - トマト……1個
  - ケチャップ……大さじ3
  - ウスターソース……大さじ2
  - 塩コショウ……少々

【生地】

- ココナツオイルかラード……100g
- 小麦粉……370g
- 塩……小さじ1
- 卵……1個
- 水……80ml

作り方

❶ タマネギ、トマトはみじん切り。肉、ニンニク、タマネギを炒め、Aを加えて煮詰める。

❷ 生地を作る。小麦粉、塩、オイルを混ぜ合わせ、ポロポロになったら、卵と水を加えてこね、ラップにくるみ30分置く。8等分して丸め、麺棒で円形に延ばす。

❸ ❷1枚に❶の⅛量と、ゆで卵など（分量外）を包んで端をたたむ。170℃の油で約7分揚げる。

西原 まだピュアだね。

枝元 ほら、驚くほど脂が出てきた。

西原 うわうわうわ、すごい！

枝元 さあ、調味料を絡めて完成！

西原 梅酒でひと味違ううまさ。

枝元 雁治君、黙々ですけど。

雁治 いや、めっちゃうまくて。

西原 またエダモンが「おかん飯」ならぬ「あかん飯」を作りました。

雁治 手塚に画像送ってやろう。

西原 間違えてうちに来るかもよ。

雁治 あ、手塚から返信。「うまそう、やめろ」

枝元 あはは。手塚君も食べてね！

蒸し豚の照り焼き

材料 4人分

豚バラ(塊)――――800g
塩――――小さじ⅔
コショウ――――少々
A
砂糖<あれば黒砂糖、きび砂糖など>―大さじ2
酒<あれば梅酒>・しょうゆ・水―各¼カップ
ご飯――――適量

作り方

❶ 豚塊肉に塩、コショウをなじませ、15分以上寝かせる。圧力鍋で圧力がかかってから12分蒸す(蒸し器なら約50分、強めの中火で蒸す)。

❷ ❶を厚さ1センチに切り、フライパンで脂が出てくるまで両面を焼く。脂を切り、ペーパータオルなどで拭き取り、Aを加えて絡めながら、肉に照りが出るまで焼く。

❸ ご飯に❷を乗せ、お好みで刻んだパクチー、赤パプリカ、紅ショウガなど(分量外)を添える。

昭和のイケメン・西原兄編

魚肉ソーセージのコチュジャン炒め

兄妹懐かしの味・ギョニソでビールにもご飯にもあうおかずにチャレンジ。

枝元 続きまして、西原さんのすてきなイケメンお兄さんです！

西原 型落ちのハンサムでしょ。「スカイライン」に乗ってそうな。

枝元 昭和の男前。

貴彦 ギョニソ（魚肉ソーセージ）は兄妹の思い出の味。お菓子屋にばら売りしてて、食べながら遊んでたな。

西原 冷蔵庫にも入ってなかった。直射日光にがんがん当てられて。

枝元 昭和を支えた味ですよね。

貴彦 今でもアユ釣りの時は、腰のポケットに入れて行くんですよ。

枝元 えさ用ですか？

貴彦 じゃなくて、自分のえさ。高知の仁淀川は「NIYODO BLUE」と言われる清流。その渓谷でギョニソをかじる。友達に笑われるんだけど、うまいんですよ。

枝元 分かる気がする。さて、みそとコチュジャンで炒めます。ご飯も進むし、つまみにもおいしい。

西原 ほら、エダモンのみその保存方法が素晴らしいの。容器の中で昆布で仕切って2種類のみそを保存してるんですよね。

枝元 みそに昆布の風味が染みて、昆布も後で使えるんですよ。

貴彦 薄毛に効くかな。うちの母、正月に久しぶりに会ったら、この年でお小遣いを渡されて、「これで、養毛剤でも買いなさい」だって。

西原 いきなり「まっこと、あんた老けたね」。他に言うことないんかと。

枝元 あははは。親きょうだいって、愛想は他人の3割減ですよね。電話でも、家族と分かったら急にトーンが下がって「あ、何？」みたいな。

西原 用件だけ言って切る。

枝元 そうそう。さて、そろそろつまみができあがるので、お兄さん、ビールいかがです？

貴彦 ビールは大好きで、家に業務用のサーバーがありました。

枝元 すごい。どんだけやねん。

西原 ビールで酔って、田んぼに落ちて血だらけになる人だから。

枝元 さあ、完成。お味見どうぞ。

西原 口に入れた瞬間は、高価な焼き肉だけど、かみしめると、いつもの安心の味。この味付けを覚えておけば、鶏肉とかで応用できるね。

貴彦 うまい！ ギョニソが高級食材に化けたな。タマネギとも合う。

枝元 またまたー！ それじゃあ、アユ、よろしくお願いしまーす。

貴彦 もちろんです、冷凍庫からあふれるほど送りますよ。

枝元 いいんですか⁉ やったー、ギョニソでアユを釣ったぞー！

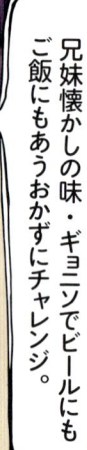

魚肉ソーセージのコチュジャン炒め

材料 4人分

魚肉ソーセージ——5本
タマネギ——1個
ごま油——適量
A
コチュジャン・みそ・水——各大さじ1
酒——大さじ2
砂糖・しょうゆ——各小さじ1
ニンニクのすりおろし——小さじ½

作り方

❶ タマネギはくし形切り、魚肉ソーセージは斜め切りにする。Aを合わせておく。

❷ フライパンにごま油を引き、タマネギを炒める。透明になったら一旦取り出し、同じフライパンで、魚肉ソーセージを焼き色が付くまで炒め、タマネギを戻して炒め合わせる。

❸ ❶で合わせておいたAをフライパンに入れ、全体にからめる。お好みですりごま(分量外)を振っても。

いくつになってもキレイでありたい、と様々な料理にトライする逸話の持ち主、西原母・淑子さん。さて、母娘合作の料理はいかに？

ミランダ・カーの油を愛用・西原母編

ふりかけ芋＆コンビーフ入りポテトサラダ

枝元　西原家祭りのトリを飾るのは、おばあちゃんの淑子さん！　さすがココナッツオイルをとってるだけあって、お若くてきれい。やんちゃな娘さんを立派に育てられて。

淑子　いえいえ。

西原　反面教師ですよ。どこがかっていうと、長いけどね、話すとね！

枝元　あはは。今日はね、余りがちな食材の使い方を伝授しようかと。

西原　「なかなか使い道が思い付かないふりかけとコンビーフ。いつも残って困ります。食材の実力を引き出すレシピを教えて！」というお便りが届いていますね。うちにもありますよー。食品棚の前でよく目が合う。

枝元　そんなときの合言葉は「困ったときは芋に任せろ！」。芋や米など白い食材は味が薄いから、割とどんな味も受け止めてくれる。コンビーフはポテトサラダに任せます。そして、コンビーフといえば、はんぺんが絶対なんだよね。

淑子　はい!?　はんぺん入れるの？

枝元　この軽い食感がコンビーフの重さを和らげてくれるんですよ。お味はどうですか？

西原　びっくり。はんぺんが芋の重圧に負けずに存在感がある。

淑子　いいアイデアですねえ。

枝元　ふりかけは里芋にまぶして香ばしく焼きます。ところでココナッツオイルは何で買ったんですか？

淑子　あのねえ、頭にいいの。

西原　老化防止でしょ。でも、1回食べたっきり放置してるじゃん！

枝元　さあ、お味見どうぞ。

淑子　いい塩加減。おいしいねえ。

西原　見た目もかわいい。だけどね、おばあちゃん、これを作るためにまたふりかけを買うのはやめてね。

枝元　えへへ。ぜひ、このふりかけをお持ち帰りください～。

淑子　うちでも作ってみますね。

西原　だめー！　挑戦しないでー！

ふりかけ芋

材料 4人分

里芋	250g
ふりかけ	適量
サラダ油	適量
バター	15g

作り方

1. 里芋を皮付きのまま半分に切り、耐熱ボウルに入れラップして電子レンジで6分加熱する。粗熱をとって皮をむく。全体にふりかけをまぶし、平たくつぶす。
2. フライパンにサラダ油とバターをひき、芋の両面を中火で3分ほど焼く。

コンビーフ入りポテトサラダ

材料 4人分

ジャガイモ	4個
A	
コンビーフ	100g
はんぺん	½枚
キュウリ	1本
タマネギ	¼個
マヨネーズ	大さじ3〜4
B	
オリーブ油・酢	各小さじ2
塩	小さじ⅓
砂糖	小さじ1
練りがらし	小さじ½

作り方

1. キュウリは小口切りにして塩もみし、タマネギはスライスし酢水にさらす。はんぺんをちぎる。
2. ジャガイモの皮をむき、一口大に切ってゆでる。
3. ❷が熱いうちにBをあえ、つぶしながら混ぜる。冷めたらAを加え、全体をざっくり混ぜる。

おばあちゃん料理

ばあちゃん得意料理
半生とろとろオムレツ
実は出汁卵焼き
ただ単に出汁と卵をオムレツ風に
フライパンでしゃかしゃかと
油はフツーの油
それをまるめて
火かげん出汁かげんがゼツミョーにいい
とろ
ふわ
和
オムレツ
よく汁が出るが気にしない
さ一日放置してて
夜、食べまして
西原の知恵袋
傷んだ半生卵焼きは
卵＋油＋酢
同じ化学反応で
マヨネーズそっくり
全部食べちった
もちろん体調全く変化なし
エダモンの感じのいいお料理本にちょっと感じの悪い話をまぜてみました。
福神漬みたいでええじゃろう

2

女の救世主レシピもあるでよ編

もずくの酸辣湯《サンラータン》

材料 4人分

味付けもずく	200g	酒	小さじ1
豚バラ肉（薄切り）	100g	かたくり粉	適量
豆腐	1丁	鶏ガラスープのもと	小さじ2
ネギ	1/2本	酢	大さじ1
しょうゆ	小さじ1	ごま油・コショウ	各少々

作り方

❶ 豆腐は水切りし、棒状に切る。ネギは長さ4cmの細切りに。

❷ 豚肉を1cm幅に切って、しょうゆ、酒、コショウをもみ込む。かたくり粉をまぶす。

❸ 水1リットルを沸かし、ごま油と鶏ガラスープのもとを加える。❷を入れ色が変わったら豆腐を入れる。温まったら、しょうゆ少々（分量外）で味を調え、もずく、ネギ、酢を加える。お好みで花椒、ラー油、パクチーを加える。

らっきょう醤油

材料

生のらっきょう
（エシャレットや島らっきょうでも）——100g
A
| しょうゆ——1/2カップ
| 酢・ごま油——各大さじ1
豚バラ
（しゃぶしゃぶ用の薄切り）——200g
卵——1個

作り方

❶ らっきょうをみじん切りにし、Aを加えて混ぜる（密閉容器に入れ、冷蔵庫で約1カ月間保存可）。

❷ 湯を沸かし、ショウガの薄切りとネギの青い部分1本（分量外）を入れ、80℃くらいになったら、肉を入れて、色が変わるまで手早く火を通す。お好みでキュウリのスライス（分量外）などを添え、❶をかけて食べる。

❸ 目玉焼きに❶を添えて食べてもおいしい。

命拾いのスープ

西原 もずくね、仕事の最中のおやつですよ。冷蔵庫の通りすがりにつるっと飲んでね。夜でもカロリー気にしなくてすみますもんね。

枝元 味付けもずくをそのまま入れて、食べ応えのある簡単酸辣湯を作ろうと思って。

西原 あら、大好きな豚バラ肉。

枝元 下味を付けてかたくり粉をまぶすので、だしがらにならなくてうまみが残ります。お湯を沸かして、お肉や豆腐を入れて、味を調えて、もずく、ネギを加えます。ラー油で辛みを加えて完成！

西原 うまいー！　これは、体に染み渡りますよー。もずくは洗わずそのまま？

枝元 はい、お酢ごとドボンと入れて。麺がわりにもなりますよね。おかずスープです。すっぱいのがお好きな方はお酢を加えてくださいね。

西原 夜のラーメンがわりだ。夜中仕事してておなかがすいたときにこれがあると、「砂漠で水を見つけた」って気分になる。

枝元 辛くて血行もよくなるから温まりますしね。これ、麺を入れてもいいですよ。

西原 いやいやいや。

枝元 あと、ご飯を入れてもいいかなって。

西原 いやいやいや。夜中に炊飯器を開けたら終わりですよ。新米の季節ですからね。開けたら最後、止まりませんよ。とんでもないしっぺ返しが待ち受けてますよ。

枝元 もずくで我慢できるだろうか……。

西原 これは命拾いのスープです！中高年女子、聞いてますか!?　そっと目を閉じて、これはラーメンだと念じて食べてみて。

枝元 ……あっさりしたラーメンだなあ。

西原 すっぱいのがおいしいって思えるのは大人の特権。

枝元 ご飯入れられない、麺も入れられないっていうのも大人になった証拠ですね……。

西原 ダメダメ！　炭水化物の誘惑に負けちゃダメ！　あなたの心の隙間に酸辣湯！

枝元 大人の味よー。

これぞ本命ダイエット食
栄養アリ
繊維アリ
満腹感アリ
しかもおいしい
中年の夜のシメのラーメンを酸辣湯に!!
守らない者は厳罰に処スナリ
こうゆうの先にかってくれよ

作らにゃ損、損！

西原　あら、あの甘酢漬けのらっきょうじゃないんですね。

枝元　今回使うのは、6〜7月に旬を迎える生のらっきょうです。自分で言うのも何ですけど、この「らっきょう醤油」は私の名作って思ってるんです。

西原　楽しみ！　まずらっきょうを刻んでと。いい匂い。

枝元　でもこれ、生でかじるとすごく辛いですよね。子どものころ、父がお酒片手に野球を見ながらかじってたなあ。「食べたい、食べたい」って頼んで、もらったんだけど、一口かじって「大人はなんでこんなの食べるんだろう」って思った。

西原　えっ、この青いところも刻むの？　捨てそうだけど。

枝元　青いところも残さず食べるための料理なの。ここが青々として乾燥してないものを選んでください。

西原　うちには甘酢漬けのらっきょうが大量に残ってるんです。ばあちゃんが宅配サービスで、いつも3袋セットを1袋かと間違えて誤発注す

るから、どんどんたまる。

枝元　甘酢漬けだとあんまり食べられないんですよね。

西原　カレーに添えても、カレーに夢中で忘れちゃったり。

枝元　あはは。らっきょう醤油だと、調味料としていろんな料理に使えるから便利。刻んだらっきょうに醤油をどぼどぼっと入れて、酢とごま油を加えれば、はい完成。

西原　うそ、早すぎ。

枝元　これね、目玉焼きご飯にかけて食べるのが一押しなの。

西原　これもう見た目が満点ですよ。あ、醤油の辛みが卵でまろやかになってうまい！

枝元　豚しゃぶも用意しますね。豚しゃぶは氷水でしめる派ですか？

西原　とんでもない！　ほんのり人肌で、軟らかくなった豚の脂がおいしいんじゃないですか！　冷やして固くするなんて理解できない！

枝元　あはは、さすがの豚肉愛。私も温かい派です。

西原　ああー、らっきょう醤油で豚

の脂の甘みが引き立つ。これは息子に食べさせよう。

枝元　今が旬、作らにゃ損ですぜ！

おばちゃんね　前にダイエットしてね　4キロも減ったんだよ　そしたらね　そこにはね　らっきょうの薄皮　一枚　むいた　だけの　何ひとつ　体型の　変わらない　おばさんがいてね　そっから　らっキョウ見ると　腹立って　腹立ってもう

フダンショーユに　入れただけで　思わぬ実力

じゃん　ちょっと　これ食べて　じゃん

モロヘイヤつけそば

材料 4人分
鶏モモ肉――200g
ショウガ薄切り――3枚分
モロヘイヤ――1束
めんつゆ（かけつゆ濃度）――3と1/2カップ
そば――適量
お好みでゴマやサンショウなど

作り方

❶ 鶏モモ肉は小さめの一口大に切る。ショウガは千切り。モロヘイヤは硬い茎をよけ、細かくみじん切りにする。

❷ 鍋にめんつゆとショウガを入れて煮立てて、鶏モモ肉を入れる。8分ほど煮たら、モロヘイヤを加え、ざっと混ぜて、つゆにとろみがついたら、火を止める。

❸ そばをゆで、❷のつけつゆで食べる。お好みで、すりゴマやサンショウを加えても。

豆腐サラダ

材料 4人分

木綿豆腐――1丁
キュウリ――2本
A
みそ・しょうゆ・砂糖・すりごま――各大さじ2
酢・ごま油――各大さじ1
ニンニクのすりおろし――小さじ1
コチュジャン――大さじ1と小さじ1

赤パプリカ――1/2個
サニーレタス――3枚
B
ポン酢しょうゆ――大さじ1/2
ごま油――小さじ1

白すりごま――大さじ1

作り方

1. キュウリをたたいて割り、タネをこそげ取り、手でちぎる。パプリカは薄切り。サニーレタスは食べやすくちぎる。
2. 水切りした豆腐を食べやすい大きさに割って、Aをなじませる。
3. 1をお皿に盛って、Bを振る。その上に2をのせて、白すりごまをふる。

昔の彼女

枝元 今回は、大好きな鴨せいろをヒントに考えた料理なんです。
西原 私もつけそば大好き！
枝元 15年前に考えて、当時は本当にはまったんですけど、すっかり「塩そば」（『親子でがっちょりおかん飯』116頁掲載）にその座を奪われていました。
西原 昔の女ですね。ご主人は新しい女に夢中になっちゃってね。分かるよ、おまえの気持ちは。
枝元 ごめんねー。すっかりご無沙汰しちゃった。
西原 それでお嘆きの女性陣、大丈夫ですよ！ 先に幸せになっちゃえばいいんです。
枝元 こうやって戻ってくることもあるしね。
西原 自分を不幸にした人間を見返すには、自分が先に幸せになるのが一番の近道です！
枝元 あははは。だいぶ話が飛んだところで、鶏肉の下ごしらえを。筋や皮をしっかり取った方がふんわり仕上がります。
西原 鶏のだしが出たつゆが最高なんですよね。私なんてそば湯入れずにそのまま飲んじゃうくらい。
枝元 よく店で「こんなちょっとじゃ足りない！」って思う。江戸っ子がさ、つゆはちょっとでそばを味わえとか言うけど、ちゃんとつけたほうがうまいに決まってるじゃん。
西原 ざぶざぶにつけます。そばにつゆがしみるまで放置するくらい。
枝元 分かる。今日は簡単に、市販のめんつゆで作ります。
西原 よかった、めんつゆを一から作れって言われたら、もう途中でやめたくなるもん。
枝元 あははは。鶏肉を煮て、刻んだモロヘイヤを最後に入れるだけ。
西原 いただきます。なるほど！ 昔の彼女やるじゃん！
枝元 鶏肉もうまい。
西原 もっとモロヘイヤの癖やアクが出るかと思ったけど、なじんでる。この渋みととろみが最高。
枝元 栄養価が高いし、とろみがつくから、お年寄りにも食べやすくてオススメ。
西原 まあ、炭水化物をいかにうまく食うかって話ですね。
枝元 はい、命かけてます！

夜の空腹をしのげる

西原 豆腐は私の救世主です。これさえあれば、夜の空腹をしのげる。

枝元 今日はキュウリのタネをこそぐところから。ここをとると、歯ごたえがよくなります。サラダの野菜はお好みでオッケーです。

西原 調味料を見ると、韓国風の味になるんですね。

枝元 私、前にこのコチュジャンタレの黄金比を考えたのに忘れて、それを書いた本も見つからず。一から考えましたよー。

西原 私なんて、30年漫画描いてるけど、自分のB4の原稿用紙のサイズを忘れるからね。C3とか訳分かんないサイズを買ってきて、家で「違う!」って気づくっていう。

枝元 そういうもんですよね。だから私も日々新たな気持ちでレシピを編み出せるんだって思うようにしてる。えへへ。タレの味、いかが?

西原 うん、おいしい! これさ、もろみにコチュジャンとニンニクとゴマ油混ぜればいいんじゃない?

枝元 ほんとだ、そうですね。

西原 私、甘すぎて、もろみが嫌いなの。でもばあちゃんがうちに常備してるから、今度作り替えてやろう。

枝元 このタレは作り置きにオススメ。今日は豆腐に混ぜて完成!

西原 おいしい! 意外とすっきりとして、飽きのこない味。

枝元 爽やかな辛みですよね。

西原 おばさんはこれで晩酌して、夜10時には台所拭いて寝ましょう。

枝元 早いー!

西原 夜更かしして飲んで、食欲に火がついたら大変ですよ。しょっぱいから、酔っ払って作る料理は!

枝元 あはは。このタレね、いい使い道があるんですよ。タレに明太子を混ぜて麺類にからめたら、ほら、簡単ビビン麺のできあがり!

西原 あああ! 夜食べたらあかんヤツじゃないですか!

枝元 何でこんなに炭水化物ってうまいのかしら。でもね、春雨や糸コンニャクで代用もできるから……って全然聞いてない。

西原 うまい、うまい。

枝元 おばさんは、こうして道を踏み外すのでありました。チャンチャン♪

このタレ持って帰ったら
ばあちゃんと娘が
家中の
食材に
ぬり
まくって
食ってた
座れば
韓国
万能
韓国
タレ子さん
と命名
わーわー

刺身の蒸ししゃぶ

材料 4人分

大根	8センチ	塩	小さじ1/3
白菜	3枚	水	1カップ
えのき	1パック	酒	1/2カップ
ニンジン	1本	お好みの刺し身	適量
水菜	1/2束	ゆずこしょうやポン酢しょうゆなど	適量
ネギ	1本		

作り方

❶ 野菜を細切りにして、平たい鍋に敷いて、塩を振る。水、酒を入れて、ふたをして火にかける。

❷ 蒸気が上がってきたら、刺身をのせて、ふちが白くなってきたら食べごろ。お好みでゆずこしょうやポン酢しょうゆ、マヨネーズしょうゆなどで。

＊ ホットプレートで作る場合は水を少し多めにして作るとよい。野菜はキャベツやモヤシ、ナス、インゲンなどにかえても。

揚げ野菜のサラダ

材料 4人分

ゴボウ	120g
カボチャ	1/8個
レンコン	8cm分
タマネギ	1/2個
ツナ缶	1缶
ポン酢しょうゆ	1/3カップ
サラダ油	適量

作り方

❶ ゴボウは皮をこそげ、斜め薄切りにして、水にさらす。カボチャ、レンコン、タマネギもそれぞれ薄切り。タマネギは酢少々を垂らした氷水にさらし、水気を切る。

❷ フライパンにサラダ油を深さ約2cm入れ、170℃に熱し、ゴボウを広げ入れる。気泡が少なくなり、薄く色づきパリッとした様子になれば引き上げる。レンコン、カボチャも同様に揚げる。

❸ ❷とタマネギ、ツナ、ポン酢しょうゆをあえる。

絶妙なぷるぷる

枝元　いよいよ春本番ですけど、朝晩は肌寒い日もありますよね。少し温かいものを食べたいなって時に。お刺し身はたくさん食べられないし、意外と体が冷えるんですよね。

西原　うちもおばあちゃんが刺身に飽きて、カルパッチョ風にしてますね。私もしょうゆの味に飽きてる。

枝元　鍋に敷く野菜は何でもいいんですよ。どんどん足して、火にかけて、湯気を作るんです。その湯気でお刺し身を蒸していただきます。本当にこれだけ。簡単ですみません。

西原　お湯にしゃぶしゃぶってするんじゃないんですね。

枝元　はい。湯気で蒸す感じです。刺し身のふちが白くなれば食べごろ。煮え過ぎ注意です。お好みの薬味やポン酢しょうゆで召し上がれ。

西原　うん、しゃぶしゃぶより、刺し身の生のぷるぷる感が残ってる。これはうまい！　何ていうのかな。「マイルドたたき」っていうか。

枝元　あははは。

西原　しゃぶしゃぶとか火が通り過ぎちゃうのね。最後はお米をぶち込んでリゾットにしてもいいしね。

枝元　もうね、お酒を一杯やりながら、自分でぽんぽんとお刺身をのせては、食べるって感じで。

西原　そうそう。ながっちりの酒飲みにちょうどいいですね。

枝元　なんかしっぽりと、差し向かいで一杯傾けながら、「ここ、もうあったまってるよ」「お野菜もいいんじゃない」とか……言ってみたい！　いっつも女子とばっかり！

西原　……すみません。でもうちの彼氏は食べるの大嫌いだからね。何でも1分で飲み込むから。

枝元　そうか、そう思うと、女子と落ち着いて飲むのがいいですね。

西原　あのね、用途で替えるべきなんですよね。うちの彼氏とショッピングなんてできないもん。お買い物はこの女の子と、旅行はこの人とって用途は分けてつきあわないとね。そう考えていくと、彼氏の使い道がなくなるんだけど。

枝元　あははは。じゃあ彼氏には、お財布お願いしまーす！

西原　あははは。

刺身はありがたいが
醤油味があきる
あと量、食べると
冷えていやになる
冬はコレ
ぬくぬく刺身
〆は魚ダシ野菜おじや
鍋と一緒に煮詰まるタイプの
ケツの重い酔っ払いにバッチシ
にえにえ
にえにえ

やめられない味

枝元 今回は私の定番レシピ。女子受け抜群なんです。今回、ゴボウは水にさらしてますが、もし切ってすぐ揚げるならアク抜き不要です。早速揚げていきましょう。一応、タイマーを5分でかけて、と。

西原 5分もかかるんだ!

枝元 水分とアクが抜けて、パリッとするまで素揚げするので。鍋のふち側が先に熱くなって、野菜の色が濃くなれば、全体をさっと混ぜる。ずっと混ぜるとしなしなになります。コツは「放置プレー」。

西原 「お母さん、手かけ過ぎちゃだめ」ってやつですね。

枝元 はい、信じて任せて待つ。

西原 うん、パリッと揚がってる。

枝元 よかった。でも、カボチャあんまり好きじゃないでしょう。

西原 カボチャは憎んでますね。

枝元 あはは、やっぱり。

西原 甘いんですもん。サツマイモも甘いから嫌。

枝元 芋系、憎んでますよね。

西原 おかずにならないからね。お兄ちゃんも芋はよけますよ。「こんなんで飯は食えんやろ」って。漁師町の食生活が抜けきらない。

枝元 さて、野菜が揚がったら、ツナとポン酢しょうゆであえます。生のタマネギをアクセントに。

西原 豚せんべい（『親子でがっちょりおかん飯』18頁掲載）を思い出すなあ、カリカリの揚げ豚をタレに漬けた瞬間、みんなが「あああ!」って叫んだやつ。

枝元 あはは。今回も失礼いたします。ポン酢しょうゆをどばどばっと。

西原 あああああっ!

枝元 えへへ。まあ、食べてみて。

西原 おっ、これは! うめえ!

枝元 うめえよねえ。

西原 想像以上。ポテトチップスの新商品みたい。味が決まってる。「やめられない、止まらない」ですよ。女子も野菜食わない男子もイチコロ。男子は絶対手で食べて、べたべたの手をソファで拭くね。

枝元 やだー。箸で食べてね。でも油の食欲をそそる力ってすごいですよね。酢でさっぱりするのもよし。

西原 ポテチだって、じみーなジャガイモを揚げただけで止まらなくなるもんね。これは参った!

切り干し大根のピリ辛マヨネーズあえ

材料 4人分

切り干し大根――50g
カニかまぼこ――100g
A
　しょうゆ・酢・水――各大さじ1
　トウバンジャン――小さじ2
マヨネーズ――大さじ2〜3
お好みで、青じそやキュウリなど

作り方

❶ 切り干し大根をさっとすすいで、鍋に入れ、ひたひたの水を加えて火にかける。沸騰してから3〜5分ほどかけ、好みの加減でゆでもどす。

❷ ❶をざるにあげて冷まし、水気を絞る。ボウルに入れて、Aを加えてざっと混ぜる。ほぐしたカニかまぼこも混ぜ、マヨネーズをあえる。お好みで、青じそやキュウリの千切りをのせても。

ゴーヤと高菜の炒め物

材料 2人分

ゴーヤ	1本
高菜漬け	50g
豚ひき肉	80g
ニンニク	1片
塩	小さじ1/2
ごま油	大さじ1
しょうゆ	大さじ1/2
酒	大さじ2

作り方

1. ゴーヤを縦半分に切り、中の種をくりぬいて薄切りにする。塩を振り、3分ほど置いてから、もんで水気を絞る。
2. フライパンにごま油を引き、ニンニクを熱する。香りが立ったら、ひき肉を加え、塩、コショウ少々（分量外）を振り、火が通るまで炒める。
3. ❷にゴーヤを入れて更に炒める。つややかになったら、高菜漬けを加える。油が全体に回ったら、酒としょうゆを入れて混ぜ合わせる。

乾物退治

枝元　乾物は湿気が大敵。夏前に処分しちゃったほうが何かと安心なので、今日は乾物メニューです。
西原　うちも開封した乾燥シイタケや豆が大量にある。どうしよう。
枝元　もちろん冷凍庫で保存できますけど、いっぱいになっちゃうから。
西原　ばあちゃんがリスかっていうくらいため込むんだよねえ。
枝元　災害が起きたら、「おばあちゃん、ありがとう」と思うかも。
西原　いや、枝元さんも私も、水で1カ月もちますよ。適度な脂肪はね、寒さにも病気にも強い、大事な水筒なんですよ！
枝元　遭難したって安心だね（笑）さて、切り干し大根は水から入れて、火にかけて、ゆでながら戻します。
西原　切り干し大根は煮物に使うくらいしか考えたこともない。
枝元　今日はマヨネーズを使ってちょっとサラダ風にしたいんです。
西原　マヨネーズ？　なんか、カップ焼きそばの麺に見えてきた。
枝元　あはは。確かに似てる。さあ、ものの10分足らずで完成！
西原　うん、これは大発見。サラダに切り干し大根が使えるとは。
枝元　マヨネーズ味だと子どもも好きかなと。お弁当にもいいですよ。
西原　うちの豆類、どうしたらいい？
枝元　いっそ誰かにあげちゃえば？
西原　兄嫁が優しい人でね。前に「私、おぜんざい大好きだから大丈夫よ」って、3年前のものもがんがんもらってくれたの。たまたま食料庫を片付けてるときにいたから、お言葉に甘えて渡したけど、さすがに送りつけることはできないなあ。
枝元　あははは。私の場合、母にどんどん渡してたんだけど、母が亡くなってから自宅を片付けたらいっぱい出てきて。「ごめんなさい、お母さん」って思ったなあ。
西原　兄嫁のお母さんも、1人暮らしなのに、冷凍庫が冷凍食品でパンパンなんだって。それでも毎日買い物に行くらしいです。
枝元　買うのが楽しいんでしょうね。買い物は生きてる証し！
西原　うちのばあちゃんも大好きだから、それを止めるのは忍びない。最近は娘がそれを実にもったいないやり方で調理する。横目で見ながら「てめえら、私が稼いだ金で！」って心の中で叫んでるっていう。
枝元　そして私は、今日も働くのだった……。
西原　きぃー、悔しい！

これは新味サラダ
あの定番のもっさりおフクロの煮物味がマヨネ油そば風サラダに
これはヘルシーやから大丈夫
といってマヨネの海
どるるるるる
やっぱマヨネはいろいろ救うなあ
太らないつけ麺みたいでうれしいー

夏ばて知らずの秘訣

枝元　ゴーヤの季節です。夏は料理するのもだるくなるので、作り置きのおかずをご紹介しますね。まずゴーヤを薄切りにして。うわあ、青い匂いがすごい！

西原　いい匂いですねー。

枝元　苦いのも平気？

西原　大好きです。私が苦手なのはココナッツミルク系の匂い。甘ったるくてさあ。

枝元　クッキーやシュークリームの匂いね。

西原　娘がココナッツオイルをスキンケアだって全身に塗りたくるんですよ。毎朝、顔を合わせるたびに、お菓子くさくて。お前はどこのクッキーだと。海外だと、甘いオレンジの匂いの香水をばんばんつける人がいるでしょ。「何でこんな食い物の匂いさせてるんだろう」って思う。

枝元　あははは。今日は高菜漬けと炒め合わせます。キムチと一緒で、他の味付けがあっさりですむので楽なんですよ。保存もきくからお弁当にもぴったり。

西原　うちはね、おばあちゃんが買ってきた高菜漬けが1年も冷蔵庫に居座ってるよ。しかも2袋も！

枝元　これはおばあちゃんにささげる冷蔵庫整理メニューですね。あと、肉好きの息子さん対策でひき肉も入れてみたんだけど……。

西原　お弁当に入れたら、学校抜け出して、コンビニに行くかもね。

枝元　やっぱりダメか。

西原　うん、ご飯が進みますよ！沖縄のおばあ食堂に来たような気分になる。

枝元　たくさんご飯食べた方が、夏ばてしませんから。

西原　疲れたら腹減るし、ばてたら腹減るでしょ。夏ばてで食欲ないって本当に意味がわかんない。

枝元　あはは。これ、ご飯にも合うけど、麺類にのせてもいいんです。

西原　なるほど、そうめんチャンプルーにしたい！そしたら卵も入れたいし、何ならスパムも入れて……ってどんどん景気よくなっちゃうんだよねえ。質素な具で抑えておくのがゴーヤを味わうにはいいのに。

枝元　いやいや、それが夏ばて知らずの秘訣ですよ。

インゲンの和風マリネと揚げ浸し

材料 各2人分

【和風マリネ】

インゲン――150g
鶏胸肉――200g
塩こうじ・酒――各小さじ2
オリーブ油――大さじ1
塩――小さじ1/3
酢――大さじ1

作り方

❶ インゲンを2〜3分ゆでて、氷水につけて一気に冷ます。水気を切って斜め切りにする。

❷ 胸肉の皮をよけ、フォークで全体を刺して破裂を防ぐ。塩こうじと酒（塩小さじ1／3と酒小さじ2で代用可）をまぶして10分以上置く。ラップをしてレンジで4分ほど加熱する。

❸ ❷の蒸し汁を取り分け、オリーブ油と塩を加える。そこに細かくさいた胸肉と❶を加えてあえる。食べる直前に酢をあえて完成。

【揚げ浸し】

インゲン――150g
A
砂糖――大さじ1/2
だし――1カップ
しょうゆ・みりん――各大さじ2

ショウガ――薄切り3枚分
サラダ油――1/2カップ

作り方

フライパンにサラダ油を引いて、インゲンを揚げ焼きする。しわがよって色付いたら引き上げ、Aに漬ける。ショウガの千切りを加えてざっと混ぜる。

インゲンの使い道

枝元　埼玉県寄居町、井口千晶さんから「食卓の彩りにと思って買うものの、使い勝手が悪く、冷蔵庫に残りがちなインゲン。何かいい使い道はないでしょうか」というお便りをいただきました。

西原　インゲンというと、ゴマあえくらいしか思いつかない。

枝元　使い道に困るっていうお悩みをいただきました。

西原　分かる。緑の野菜ならアスパラにいっちゃうなあ。時々、ネギがなくて仕方がなく使ったりしてる。

枝元　私はインゲン大好き。繊細で複雑なうまみがある気がして。今日は揚げ浸しと和風マリネを。

西原　鶏胸肉を使うんですか！　私、硬くてうまみもないし、絶対使わない食材。

枝元　塩こうじに漬けるとすごく軟らかくなるんですよ。

西原　一晩漬けたの？

枝元　ううん、さっき。一晩漬ければ塩味が濃くなりますけど、下味を付けるだけなら10分で大丈夫。20分以上漬ければ軟らかくなりますね。胸肉、味見します？

西原　あっ！　何これ、おいしい！

枝元　鶏胸肉には疲労回復物質（イミダペプチド）が含まれてるから、夏の疲れを取るのにもってこい。

西原　これは大発見。サラダに使えますよ。夜食にもぴったり。

枝元　さあ、揚げ浸しと和風マリネ、完成！　マリネのお酢は変色を防ぐために食べる直前に入れて。

西原　うん、揚げ浸しもマリネもこの汁につかってるのがうまい。でも何より驚きは胸肉！　コンビニのサラダチキンの百倍おいしい。

枝元　あら～、すみませんね、コンビニさん。お仕事奪っちゃうみたい。うふふ。

西原　先輩！　これまじで、ぱない（中途半端でない）っす！

枝元　「ぱない」いただきました！

たこ

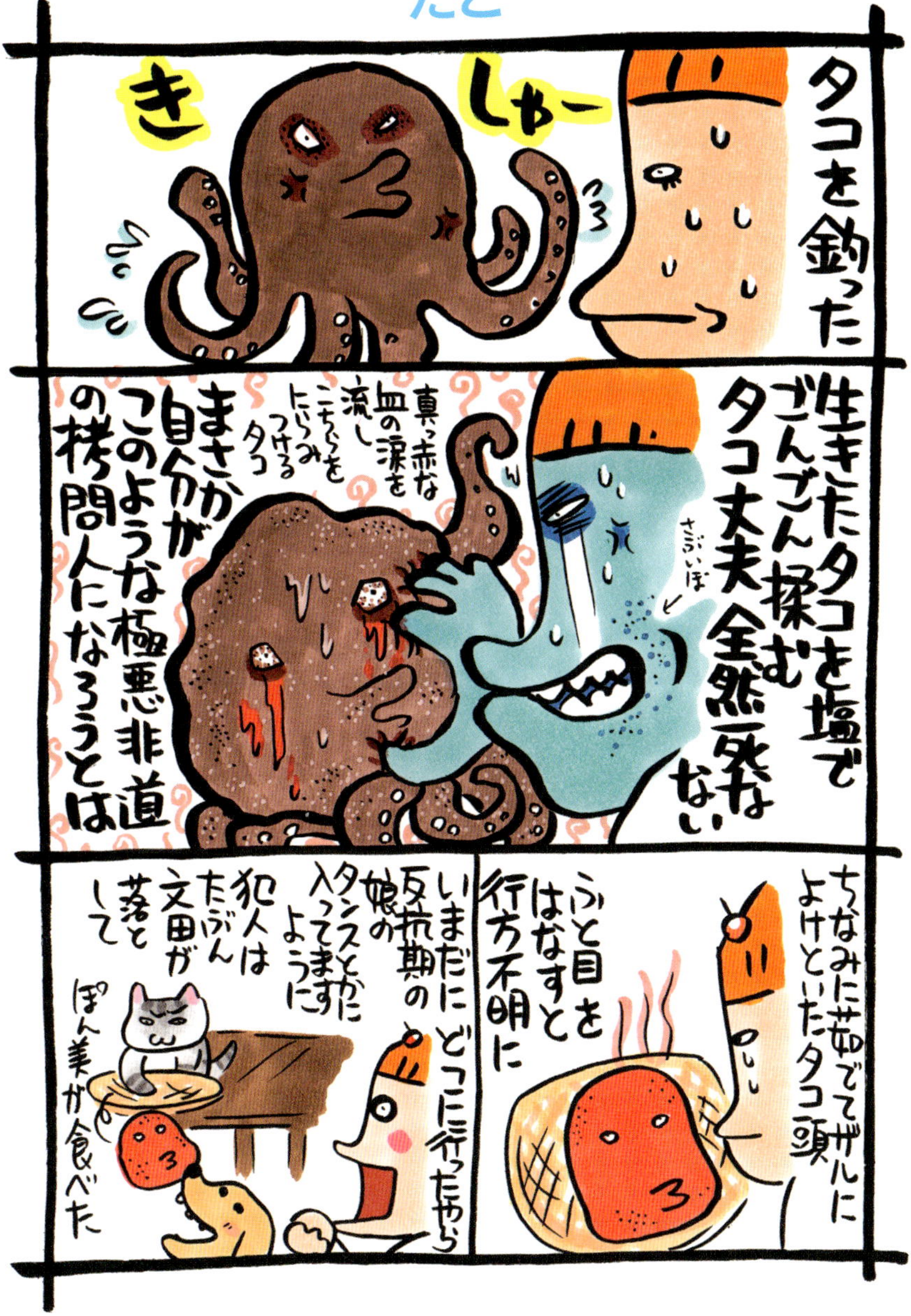

タコを釣った
しゅー
き
生きたタコを塩でごんごん揉む
タコ大丈夫全然平気な
ない
さぶいぼ
真っ赤な血の涙を流しこちらをにらみつけるタコ
まさか自分がこのような極悪非道の拷問人になろうとは
ちなみに茹でてザルによけといたタコ頭
ふと目をはなすと行方不明に
いまだにどこに行ったやら
反抗期の娘のタンスとかに入ってますように
犯人はたぶん文田が落として
ぽん美が食べた

かんぴょうと車麸の揚げ物

材料 2人分

かんぴょう――20g
車麸――2個
A
だし――1カップ
薄口しょうゆ――大さじ1
みりん――大さじ2
塩――少々

かたくり粉、サラダ油、塩各適量

作り方

❶ かんぴょうを水に2～3分つけて、塩を振ってよくもみ、水洗いして塩を落とす。長さ約20㎝に切る。車麸も水につけて戻し、水気を絞って4等分に切る。

❷ 鍋でAを煮立て、❶を加えて約10分煮る。引き上げて冷まし、かんぴょうは結び、車麸は汁気を絞り、かたくり粉をまぶす。

❸ フライパンに油を深さ2㎝ほど入れて170℃に熱する。❷を入れて表面がかりっとして、気泡が収まるまで5分ほど弱火で揚げる。お好みで塩を振る。

トマトピクルスと冷凍トマト

材料 4人分

【ピクルス】

トマト（小さめ）、ミニトマト、黄パプリカ
合計で500gから600gを目安に

A　ピクルス液

酢・水	各150ml
グラニュー糖	大さじ3
塩	小さじ1と1/4

【冷凍トマト】

ミニトマト、グラニュー糖各適量

作り方

1. トマト、ミニトマトのへたを取り、お尻に十字（ミニトマトは一字）の切り込みを入れる。
2. 沸騰した湯にトマトを入れ、10～20秒して皮が少しめくれてきたら、氷水に移し、皮をむく。
3. 一口大に切ったパプリカと一緒にピクルス液につける。
4. 冷凍トマトは湯むきしたミニトマトを冷凍する。好みでグラニュー糖をまぶす。

揚げてもヘルシー？

枝元　おかげさまで、このコンビも連載3年目突入ですね。

西原　読者から食材リクエストをいただく企画も随時掲載するんですが、今回は何？

枝元　はい。栃木県の方から「地元の特産品かんぴょうを使ったレシピをお願いします。地味ですが、手間ひまと愛情をかけて育てた地元産はうまみと歯ごたえが絶品です」というお便りが届きまして。

西原　かんぴょう？　このひものことですか？

枝元　こらこら。何でも「生産者と知り合って、農作業のご苦労や地元産の味の魅力を教わった」んだとか。

西原　これを毛利元就のように、3本重ねると……。

枝元　すごい。全然切れない。

西原　そうだ、「食べられる防災ロープ」として売り出すのはどう？

枝元　平時においしくいただきましょうよ。水に2、3分つけただけで戻るし、意外に手間いらず。

西原　お手紙で、かんぴょうをパスタや麺がわりにするレシピが紹介されてたでしょ。あれ興味あるな。

枝元　確かに食物繊維たっぷりで、ダイエット食になるかも。

西原　そういえば、大阪では「うどんにポテトフライを乗せる」という恐ろしいメニューがはやってるんですよ、奥さん！

枝元　え、何ですか、それ？

西原　さすが、炭水化物民。粉の上に粉をのせて、それをご飯で食べようとする人たちだからね。

枝元　まあ、すてき。

西原　それに比べれば、かんぴょう揚げは相当ヘルシー。

枝元　ダイエット食材に、粉を付けて揚げちゃう私でごめんなさい。

西原　あ、意外とつまみになる。ポテトフライのかわりにありかも。甘い味のおやつにしてもいけそう。

枝元　「おかん飯」からかんぴょうブーム起こす？

西原　「かんぴょうでやせる！」って？　でも、私たちがやせないとダメでしょ？　無理！

かんぴょうはダイエット食材で化けると思う
ためしてガッテンで老化防止とか
それならミランダ・カーに巻けばいいんじゃね？
揚げるとポテチみたいでおいしい
生産者レシピでかんぴょうカルボナーラってのがあってそそられたです

夏の朝にぴったり!

枝元 今日は旬のトマトで保存食を作ります。トマトって冷蔵庫にいれたままつい忘れちゃって、しわっとなって残ってること多いでしょ。

西原 こいつらはいつも遭難してる。

枝元 トマトの皮はやっぱり口に当たるので、湯むきします。

西原 いまだかつてむいたことないな。「皮をむいてないと食べられない」って言われたら、「この軟弱者、もう息するな」って激怒する。

枝元 あはは、一手間でごちそうになりますよ。先にピクルス液作ります。酢と水が同量だとマイルドな味に。水を少なめにしたら日持ちします。そしてトマトの湯むきを。

西原 あら、簡単。きれいにむけます。なんか無心になるな。

枝元 ぴょろろろ。ああ、気持ちいい。自分の脂肪もこうやってぴろろっとむけたらな。

西原 「らっきょう醤油」（81頁）で描いたけど、私ね、わずかなダイエットが成功したとき、らっきょうの皮がむけただけって感じで。

枝元 らっきょう！

西原 皮がむけて、同じ形のらっきょうが出てきただけ。4kg減ったのにって、がっかり。

枝元 4kgも?!

西原 でもスリーサイズ変わらずですよ。単にしなびただけで。

枝元 あははは。

西原 体重より、体型なんですね。大事なのはインナーマッスル。ううう、できねえよ、筋トレなんて！

枝元 そうだそうだ！ 湯むきが終わったら、このままピクルス液につけるだけです。

西原 女の人って手作業してると、すごくくだらないことしゃべり始めますよね。

枝元 確かに。何だか今日はぼやき節。こっちの凍らせたミニトマトはグラニュー糖まぶして。

西原 かわいい！ 急に食卓のお値段が高くなるね。じゃあピクルスから。うん、トマトとお酢が合う！

枝元 夏の朝に冷やしたピクルスを食べると一気に目が覚めますよ。

西原 そして冷凍トマトも。

枝元 冷たい！ 頭痛い！

西原 うああ！ 歯が！

枝元 年取ってから、冷たいの急に食べたら、命が縮みそう。

西原 あ、やっと甘さがきた。子供のおやつにもいいですね。でも、前歯でかんだら危ないで！

枝元 大人は要注意！

みそ汁（ニラ玉・クレソンと天かす）

材料 各2人分

ニラ――1/2束
卵――2個
クレソン――1束
天かす――適量
お好みのみそ――各大さじ1と1/2〜2
水――各500ml
かつおぶし――ひとつかみ

作り方

❶ 鍋に水を入れ火にかける。鍋ふちに気泡が出てきたら、かつおぶしをこし器に入れ、鍋に入れる。沸騰しないように注意しながら、約2分かけてしっかり煮出し、かつおぶしを取り出す。

❷【ニラ玉】
❶に生卵を入れて、半熟になったら、みそを溶かし、長さ3センチに切ったニラを入れ、一煮立ちさせる。
【 クレソンと天かす】
❶にみそを溶かし、クレソンの葉先（茎を入れる場合はみじん切り）と天かすを入れ、火を止める。

かまぼこのマリネ

材料 2人分

かまぼこ――50g
セロリ――1本
黄パプリカ――1/2個
A
　オリーブ油――大さじ2と1/2
　ハチミツ――少々
　酢またはワインビネガー――大さじ2

お好みで、粗びきコショウ、オレガノ、パセリ、バジル、ローズペッパーなど

作り方

1. かまぼこをごく薄く、そぎ切りにする。パプリカは縦半分に切り、薄切りに。セロリは斜め薄切りにする。
2. ボウルでAを混ぜ、❶を入れて全体になじませる。お好みでコショウやハーブを振る。

＊かまぼこはサンドイッチに入れてもおいしい。薄くそぎ切りにして、色付くまで揚げ焼きしたり、炒め物に入れたりしても。

デブ防止になる?!

枝元 今日は意外と作ってなかった、基本のみそ汁を作ってまいります。私の一推しの具材が「ニラ玉」「クレソンと天かす」なんですよ。

西原 クレソンをみそ汁に入れるのは初めてですよ。

枝元 おだしもね、あれこれ手をかけるやり方はありますけど、考えるだけで、「はあー」ってため息出ちゃうでしょ。今回はシンプルに、かつおぶしだけ！ 煮出した後は、さよならです。うちの猫ですら見向きもしない。わんちゃんは食べる？

西原 もう大好物です、私のそばで口を開けて待ってる。

枝元 かわいい。で、卵は溶かずにこのまま、ぽとんと落とします。煮え具合が肝心ですよねー。

西原 インスタントラーメンの「サッポロ一番」に卵を入れて、いい具合の半熟にするのを無上の喜びとしていた時期がありました。

枝元 サッポロ一番は何味派？

西原 塩です。

枝元 同じくです！

西原 あの麺の中に卵をくるんで、半熟にさせるのが大事なんです。

枝元 あはは。私、卵の黄身が溶け出すときに、広がらずに「じわーん」ってなると、「今日は成功！」ってうれしくなっちゃうんですよ。さてもう一つ、クレソンみそ汁も。

西原 確かにクレソンはみそにあうかも。せりですからね。

枝元 はい、そして相性がいいのが天かすだと思ってるんですよ。

西原 ……一気に貧乏くさく。

枝元 えへへ。そろそろみそを出しておくかな。

西原 あの、容器で2種類のみそをだし昆布で仕切って保存してるやつですね。

枝元 昆布とみそにそれぞれの味が染みて、おいしい。昆布もみそ汁に入れたり、細かく刻んでご飯のお供にしたり。クレソンは信州のみそ。ニラ玉は赤みそで仕上げます。

西原 ああ、おいしい。かつおのおだしがすごく利いて。

枝元 クレソン、いいでしょ。

西原 ボリュームがあって、食べられるおネギって感じ。天かすも百点満点の仕事してる！ おだしって満腹感ありますよね。夜、小腹がすいたら、みそ汁を作ればいいんだ。ここでお肉にいっちゃうと……。

枝元 そうなんだよね……。

西原 「飯もってこい、ソースもかけろ」ってあっという間に丼飯。夜はみそ汁でデブ防止です！

私たちの得意技

枝元 おせち料理で使ったかまぼこが余っているお宅もありますよね。たまには薄ーく、ぴらぴらに切ってみると意外とおいしい。

西原 地元では、商品にする時にできる切れ端をまとめて売ってたな。

枝元 へえ。なんかいいなあ。

西原 ゆで卵入りかまぼことご飯で、私らは大きくなりました。お兄ちゃんは小学生の時、給食の時間になると、天ぷら屋にじゃこ天を取りに行ってた。百個くらいを2人で「うんせ、うんせ」って運ぶの。

枝元 途中で転んだりしたら大変だあ。でも、すり身って日本人の味覚をすごく支えてきたんですよね。そしてセロリも同じく薄切りに。

西原 かまぼことセロリ？ 私なら、一生考えつかない組み合わせ。

枝元 これが相性いいんですよ。お酢とハチミツ、ハーブを振って。ああ、いい香り。

西原 女子好きのする可愛い一皿。うん、お酢のすごく優しい味がする。

枝元 オイルとお酢のおかげか、かまぼこが締まりますよね。

西原 ひと味違って、洋風の味。こんな食べ方があるとは。

枝元 私、「夜中のちくわ」（113頁「矢野顕子さんがやってきた！」参照）と一緒で、カロリーを控えたいときはかまぼこも食べます。

西原 ちくわとかまぼこは常備菜ですよ。うちでは、おなかがすいたら通りすがりに冷蔵庫を開けて、カッと食べてまた戻す、っていうのがかまぼこのあり方。

枝元 私ね、でっぱった歯でかまぼこにみぞを掘るのが得意です。

西原 私はね、板についたのを「あー」って歯でこそげるのが得意。

枝元 こうやって何が得意かっていうのを明かしていくと、私たちは面白いけど、きっと世のひんしゅくを買いますよね。

西原 昔、炊飯器に直接手をつっこんで食べたって漫画で描いたら、すごく怒られた。だけどさ、仕事で10時間座りっぱなしなんだよ？ 飯を食う時くらい立ってたいんだよ！

枝元 10時間!? これは魂の叫びだね。読者の皆様、どうぞ許してやってください！

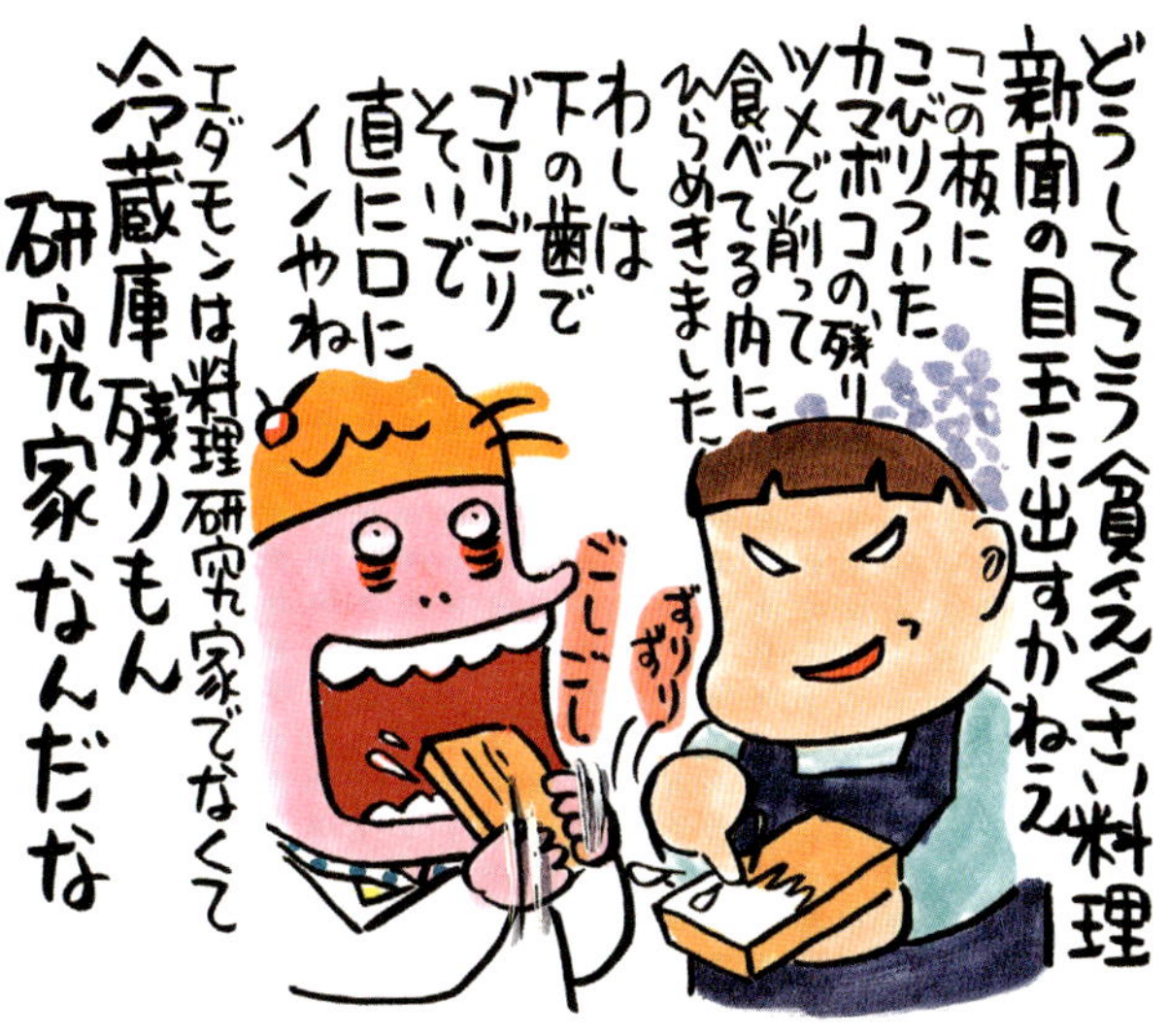

記念日

とりあえず景気いいので
キメ日は
クリスマスも正月も盆も
誕生日も
じうー
揚げ物
なんかこう揚げてると無心になって
油地蔵になっている私
ちなみに油ニンニクだとオラオラガツンといくぜ
油番長
この世はデブが油の海をかきまわしてできました

おもてなし編

矢野顕子さんがやってきた!

いつも「おかん飯」の連載を楽しみに読んでくださっている
ミュージシャンの矢野顕子さん。
日本に帰国した折に、枝元さんのキッチンスタジオにお招きしました!
大人の女子会、スタートです。

めでたいときは「肉」

西原　「おかん飯」連載2周年を記念し、矢野顕子さんをお招きしました！

矢野　こんにちは。「おかん飯」、いつも楽しみにしてるんですよ。お招きいただき、ありがとうございます。

枝元　昨日から、緊張で心臓バクバクでした。まず、アペタイザーをご一緒に作りませんか？　ブロッコリーの蒸し立てを召し上がってほしくて。

矢野　大好きです！

枝元　熱々のブロッコリーに塩をふります。天然のホタテや昆布のうまみ成分が入っていて、西原さんいわく「薬物みたいに危ない」塩です。

矢野　なめていい？　……やばい。

枝元　同じくマイブームな、この「サンショウオイル」と一緒に。

矢野　火の通り具合もベスト。食欲が止まらないね。

枝元　では、そろそろメインをお出ししますね。

矢野　わあ、ミートローフ！

西原　めでたい時はやっぱり肉！

ブロッコリーの蒸し立て

ブロッコリーに塩をふります

矢野　おいしい！　家庭の味ね！　米国では手に入らなくて。

枝元　こちらはエスニック・コールスローと豆サラダです。「ザワークラウトでも」って、ツイッターでお伝えしましたね。

矢野　コールスローで思い出した。古漬け鍋（『親子でがっちょりおかん飯』113頁掲載）の時に、漬物が

矢野　長男の嫁も同じもの作って、「死ぬほどうまかった！」ってメールが来ました。「おかん飯」

は材料の融通がきくレシピで重宝してるの。トウモロコシご飯(『西原理恵子と枝元なほみのおかん飯100頁掲載)は冷凍庫に常備してるし、大根のすき焼き(同30頁掲載)も、異常な大根好きの上原ひろみ(ジャズピアニスト)に作ってあげたら、気に入って自分の得意料理にしちゃったのよ。

枝元 本当ですか? すっごくうれしい!

西原 米国では刺身なんかは手に入ります?

矢野 うん、お金さえ出せば。

西原 あははは。

矢野 今、チェルシーマーケットにはアジア人の観光客が殺到してますね。で、必ずエビとカニにいくのね。どうしてあんなに甲殻類に目がないんだろう?

西原 私がその筆頭ですよ。世界中どこに行っても結局、エビとカニを食って、特産品を食った覚えがない。

矢野 米国人は、殻から取り出された身の状態で食べるから「カニを見たら、目の色変えて黙々と食べる!」という感じじゃないわね。

枝元 めちゃめちゃカニが好きな知人が、「自分の名前はロシア名でいうと、ムサボリビッチ・カニスキー」って言ってたなあ。

矢野 あははは。

女は食ってなんぼ

西原 歌に食べ物がいっぱい出てくるのは、食べ物が好きだからですか?

矢野 そうですね、全然グルメじゃないけど。昔見た映画で、画面が二つに分かれていて、片方は離婚した夫婦の妻側、他方は夫側を映すの。妻は落ち込んでいても、日暮れ時になると、

冷蔵庫開けてなんか作り出す。かたや夫は落ち込んだまま、どんどん暗くなっていく。それを見たとき、なるほど、「女は食ってなんぼ」なんだと思ったんですよね。

枝元　いただきました。今日の格言。

矢野　私の歌には恋愛が少なくて、食い物ばっかりだと言われるけど、考えてもみなさいと。世の中に色恋がなくても死なないが、食べ物なくなったら死ぬんだぞと。

枝元　食べ物の歌も色っぽい感じしますけどね。

矢野　あら、本当？　……そこ、才能ですね。

西原　あははは！

枝元　確かに食欲は生きるパワーですよね。西原さんちの話を聞くたびに、子どもたちの食欲ってすごいなって思う。「飲むように食べる」って。

矢野　うちでも、子どもの友人が来ると、米1升炊いてました。

西原　1人2合くらい食べますからね。あと肉がないと。こないだ酢の物作ったら、息子は家出しましたよ。

矢野　そうね。親は高野豆腐の煮物とか食べたくなって作るんだけど、子どもは嫌がるよね。でも、息子と娘の料理も、結局、ルーツは私の料理なんですよ。2人が大好きだった煮卵とか、どうしたらお母さんの味になるんだろうと言ってる。

枝元　自慢料理はなんですか。

矢野　「鍋バーグ」かな？

西原　鍋バーグ？

矢野　旦那が嫌いだったナスとか、娘が嫌いなシイタケとかを……。

枝元　嫌いなものを！

西原　「闇バーグ」ですね。

矢野　鬼のように細かく切って、そのまま肉に混ぜて焼き上げて、そのまんま出すのよ。ふたをぱっと開けたときのみんなの「わあああ」がうれしかったなあ。今は、息子が料理上手なんだけど、チーズとか入れてアレンジして、作っているみたいです。

夜中のちくわ

西原　このサラダもペロリですね。「夜中に食べても罪悪感ない。「夜中に何を食うか問題」には、いつも頭を悩ませる。

矢野　同じ！　どうして分かるの？　全くもってそうよね。

枝元　矢野さんも夜中に飲んで、食べたりするんですか？

矢野　最近、知ったんだけど、深夜に食べてすぐ寝るでしょ。食べ物がずっと胃にあると、血糖値が上がりっぱなし、インスリンが出っぱなしになって、そのうち、立派な糖尿病のできあがり、なんだって。

枝元　怖い……。

矢野　だから、気を付けようと思って、一度、夕飯時に飲むのをやめたの。そうしたら、何だか体の調子がよくない。

西原　あははは。

矢野　やっぱり、私は一日のご褒美にワイン飲みたいのよ。それでワインを食事の時だけにして「さあ晴れて眠れるわ」って思ったの。そしたら今度は腹がすいて眠れない。「どうすりゃいいのよ」ってなって、今はワインは3杯まで。何があっても冷蔵庫は開けない。

枝元　うんうん。

矢野　でも、もしものために、部屋には塩で煎ってない生のナッツを置いちゃってる。

枝元　私なんて、夜中になんべんナッツで後悔したか。一種のア

ディクション（中毒）ですよね。でも何がしかに頼らないと人は生きていけないし……。矢野さんもやっぱりナッツに？

矢野 ……手を出しますね。

西原 だから、キュウリとかちくわとか魚肉ソーセージを用意しとくんですよ。

矢野 やだ、どうしてそんなに同じなの！　しゃれた雑誌にあるみたいに、夜中に食べ物を混ぜたりあえたりするかって。信じられない。

西原 せっかく片付けた台所に洗い物を増やしてたまるか！

枝元 なんで「年代物のワイン」とかじゃなくて、「夜中のちくわ」の話になるのかな。

西原 今日はせっかくおしゃれな料理だったけど……。

枝元 締めはちくわでした。

矢野 ああ、楽しかった。ごちそうさまでした！

★矢野さん登場のことはマンガ「3人あわせて」（『毎日かあさん⑬』所収）に描きました（西原）

やの・あきこ

1955年、東京生まれのシンガー・ソングライター。76年にアルバム「JAPANESE GIRL」を発表。81年に発売したシングル「春咲小紅」が大ヒット。90年から米ニューヨークに活動の拠点を移した。

ミートローフ

材料 4人分

ひき肉 ―― 800g

A
- タマネギ ―― ½個
- ニンジン ―― 1本
- シメジ ―― 1パック
- ニンニク ―― 1片

パン粉 ―― 1カップ

卵 ―― 1個

サラダ油 ―― 大さじ1と½

B
- ケチャップ ―― 大さじ4
- 中濃ソース ―― 大さじ3
- 粗びきコショウ、ナツメグ ―― 各少々

塩、オリーブ油 ―― 各少々

タマネギなど付け合わせの野菜

作り方

1. Aを粗みじん切りに。付け合わせの野菜は皮つきのままよく洗ってくし形切り。
2. フライパンにサラダ油とニンニクを入れて中火で熱し、香りが立ったらタマネギ、ニンジン、シメジの順に入れて炒める。野菜がしんなりしてきたら、ひき肉の半量を入れて火を強め、ほぐしながら炒める。肉の色が変わったらBを加えて調味し、水分を飛ばしながら煮詰めて、ボウルに取っておく。
3. ❷が冷めたら、残りのひき肉と卵、パン粉を加えて混ぜる。
4. オーブンの天板にオーブンシートを敷いて生地を乗せ、なまこ形に整える。190℃に予熱したオーブンに入れて20分焼き、一旦取り出して周りに野菜を並べ、塩を振ってオリーブ油を回しかける。オーブンの温度を180℃にして、さらに20～30分焼く。
5. 粗熱がとれたら、食べやすく切って盛りつける。

豆サラダ

材料

A

- トマト——1個
- タマネギ——¼個
- キュウリ——1本
- 赤・黄パプリカ——計½個
- ゆでたソーセージ——2本

カッテージチーズ——½カップ
ヒヨコ豆——1と½カップ

B

- 塩——小さじ½
- 酢——大さじ2
- オリーブ油——大さじ3
- オレガノ、粗びきコショウ、ハチミツ、ニンニクのみじん切り——小さじ1
- お好みでスパイス

作り方

1. Aをそれぞれ1㎝角に刻む。
2. ヒヨコ豆をゆでて湯を切り、熱いうちにBで調味。
3. 冷めたらAとチーズを加えて混ぜる。

エスニックコールスロー

材料

キャベツ——½個
紫タマネギ——¼個
赤パプリカ——½個
キュウリ——1本
ホタテ缶（ツナ缶や蒸し鶏でも）——1缶
パクチー、ピーナツ——各適量

A

- ナンプラー、ピーナツ油など生食用の油、レモン汁——各50ml
- ニンニクのみじん切り——少々
- 輪切り赤唐辛子——1本分

作り方

1. キュウリは分量外の塩を振ってしばらく置いて、水気を切っておく。それ以外の野菜はそれぞれ薄切りに。キャベツは4㎝長さ、5㎜幅に切り、Aをもみこむ。
2. ❶にホタテ、パクチーを加え、更にあえ、刻んだピーナツを振る。

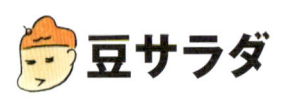

食べることは、生きること

簡単でおいしい家庭料理を次々と編み出す秘訣を枝元さんに直撃！

Q レシピはどうやって考えているの？

枝元　頭のなかで考えたり、食材を手にひらめいたりします。これとこれが合いそうだと思ったらまず作ってみて、改良を重ねます。色づいた落ち葉も、食べられそうだなって思うこともあります（笑）

Q 料理のコツは？

枝元　食べてくれる相手のことを考えて作ることかな。お店の料理ははじめの一口でおいしいと思わせないといけないけれど、家で食べるごはんは、最後まで食べて「おいしかった〜」と言えるものがいい。だから味のないものや味の濃いものなどいろんな味があっていいんです。

Q レシピを作るほかに、どんなことに取り組んでますか？

枝元　商品にできない規格外の野菜を、ドレッシングなどにして売れるものにする活動をしています。スーパーには安くて形のいい野菜がたくさん並んでいますが、それは同時に、たくさんの野菜が捨てられているということ。それをどうにかしたくて活動を始めました。

Q 食べ物をむだにしない工夫とは？

枝元　日本は恵まれていますが、世界では食事を十分に食べられない人が多くいます。そういう人たちは、食べることがそのまま生きることにつながっているから「何食べたい？」って聞くと「これが食べたい」ってすぐ答えます。でも日本では「何でもいいよ」って言われることが多いですね。

でも本当はその日の体調や気分で、食べたいものってちがう。何を食べたいかを考えることは、今の自分を知ることになるんです。

ある食事を「おいしい」と思ったら、どうしておいしかったのか考えてみる。おなかが空いていたから？　自分好みの味だったから？　みんなで食べたから？　と。

「みんなで食べたからおいしかった」と思えたら、さらに、みんなで食べるってどういうことか考えてみると、実は、平和を考えることにつながったりします。世界中の人が食べられるようになるにはどうしたらいいのかって。そうすると食べ方もかわりますよ。

「食」は人を生かすことだから、料理研究家ってつくづくいい仕事だなあと思います。みんながおいしいって食べてくれるとうれしいですね。（談）

毎日小学生新聞
２０１６年１月30日掲載

ヒエラルキー

私の食品ヒエラルキー
白米を神と崇め
日々生きてます
麺
肉・魚・揚げもん
やさいとか
最下層
甘くてカロリー高くて使えねぇもの
雪山そうなんしても食わねぇ
ステラババアのクッキー
おはぎ
イモ
ほうとう
トリのエサグラノーラ
パンもお菓子の仲間
お白米様に砂糖ぬりつけやがって
コロス
こんなもんで大事な時間を使いやがって
ずばぁ
このくされ女どもが
成敗じゃあ
ハワイくんだりまで来てパンケーキ屋に一時間並んだ
なにすんのよ…
兄嫁と娘を辻切りしたのは私

おやつの時間
カロリーは甘いもので摂ってもよし編

がんづき

材料 直径28cm分

薄力粉	300g	ハチミツ	大さじ3
重曹	大さじ1	しょうゆ	小さじ1
卵	2個	牛乳	200ml
黒砂糖	100g	酢	100ml
きび砂糖	150g（白砂糖250gでも）	ごま（くるみなどでも）	適量
食用油	大さじ1		

作り方

1. 薄力粉と重曹をふるう。
2. ボウルに卵を割り入れ、よく泡立てる。砂糖を2～3回に分けて入れ、よく混ぜる。油、ハチミツ、しょうゆ、牛乳を順に少しずつ加え、よく混ぜる。
3. ❷に❶をふるいながら加え、泡立て器でとろとろになるまで、よく混ぜ合わせる。
4. ❸に酢を加える。泡が出てくるので、つぶさないよう、ゴムべらなどで切るようにそっと混ぜる。
5. 蒸気の上がった蒸し器にぬらしたふきんを敷き、その上にクッキングシートを敷く。❹の生地を流し入れる。水滴が落ちないよう、ぬらしたふきんをあててふたをする。
6. 強火で10分→中火で5分→ごまをふる→中火で5分→弱火で10分蒸したら、火を止める。串を刺し、何もついてこなければ完成。網の上で冷ます。

氷牛乳のフラッペ

材料 2人分

【コーヒーフラッペ】

氷牛乳――12個分（1個あたり約20mlの製氷皿使用）

インスタントコーヒー――小さじ2

水――50ml

砂糖――大さじ1と1/2

作り方

インスタントコーヒーを水に溶かし、氷牛乳、砂糖と一緒にミキサーにかける。お好みでアイスクリームをのせて完成。

【氷ミルク】

氷牛乳――12個分

砂糖――大さじ1と1/2

練乳、ハチミツ、アイスクリームはお好みで

作り方

氷牛乳と砂糖をミキサーにかけ、練乳やハチミツなどをお好みでのせて完成。

お母さんの味

西原「岩手のおかん飯「がんづき」をご紹介します。現地のお母さん方に作り方を習い、その味のとりこに。地元で広める活動もしています。」というおたよりが兵庫県の読者、中野さんから届きました。

枝元 がんづきは、岩手県南部周辺のご家庭で作られてきた、蒸しパンに似ているおやつです。それぞれの「お母さんの味」があるんですよね。

西原「がんづき」ってどんな漢字？

枝元 いろんな説があるけど、円い月を雁が横切る姿に見立てて「雁月」という説も。

西原 風流ですねー。すてき。

枝元 中野さんは、がんづきを継承する岩手のお母さん方に作り方を教わって、地元の関西で小学生たちと一緒に作る活動もされているとか。今日は中野さんに教わったレシピで作りましょう。粉をふるって、卵などを入れてよく混ぜます。

西原 砂糖の量がすごい……。

枝元 農作業の合間にエネルギーチャージするためのおやつだったからでしょうね。一切れあたりはそうでもないですよ。最後にお酢を入れると重曹と反応して泡が出て、生地がふんわり。面白いですね。

西原 ほんとだー！ 重曹だけだと食感がモソモソしますからね。

枝元 さあ、完成品がこちら！

西原 うん、懐かしい味！ 意外と生クリームが合いそう。

枝元 冷やしてもいいかも。

西原 見て、手で持ってみると、ぷるぷるしてますよ。食感はふわふわだし、意外にやめられない味。

枝元 甘さがくどくないですよね。朝ご飯にもいいかも。

西原 ハワイのパンケーキ屋に2時間並ぶより、日本人ならこっちを食べなさい！ そこの奥さんも今すぐホットケーキミックスを捨てて！

枝元 甘いものを作るといつもプンプンになる西原さんが今日はご機嫌でーす。よかった！

懐かしい甘さ

枝元 お盆も過ぎましたけど、残暑厳しい折です。まだまだ冷たいお菓子が恋しいですよね。

西原 うちの息子は市販のレモンシャーベットを箱買いして、冷蔵庫がパンパンですよ。

枝元 今日は超簡単なフラッペを作ります。凍らせた牛乳をミキサーで砕くだけ！

西原 牛乳って凍らせていいとは知らなかった。

枝元 ほら、旅行とかで家を不在にするときに牛乳が残ってると困っちゃうでしょ。凍らせれば心配ご無用。

西原 これがその氷牛乳ですか。……あ、歯にくる。

枝元 知覚過敏。でもちょっと甘い味。これに濃いめのインスタントコーヒーを加えて。よし、ミキサーで粉砕していきますよー。

西原 お、なかなか難儀ですね。水分が少ないからか。

枝元 ギュイン、ギュイン！ もうちょっとだ、ブウンブウン！ ……なんか、暴走族になった気分。

西原 パラリラパラリラパラリラ。3連ホーンで。

枝元 詳しいっすね。

西原 高知はヤンキーだらけだったから。

枝元 高知は多いんですか。

西原 私の若いころは、第2次全盛期ですよ。とにかく暴れて、集団で暴走するのが一番かっこいいっていう時代。多様性がなかったですよね。オタクとかいないし、本だとか映画だとか、そういう情報がない。

枝元 あはは、若者に多様性がない時代。さあ、できました。

西原 懐かしい。子供のころ、高知のデパートの地下で食べたコーヒーソフトクリームの味。あれ、おいしかったなあ。ごちそうだった。

枝元 もう一つは、氷牛乳だけ砕いて、練乳をかけて。

西原 市販のアイスは生クリームとかも多くて、おばちゃんには重いけど、これはあっさり。

枝元 しゃりしゃりしてね。かき氷は難しいけど、これなら簡単。

西原 うだる暑さでも、これ食べたら目が覚めた！

枝元 ああ、おいしかった！

私が子供のころは
水に砂糖入れて
凍らせて
あいすかあぁ
おいしい〜
原点回帰
素材厳選
生クリームとか
朝採れ生卵とか
いつからそんな
ぜータク言える
人間になったですか
「牛乳凍らせたらアイス」
むっちゃ頭キ〜ンで
これスタバで金
払ったら
うどん何杯分

安納芋　シナモンホイップ添え

材料 4人分

安納芋	3～4個
生クリーム	1カップ
きび砂糖	大さじ2
シナモンパウダー	小さじ1

作り方

1. 安納芋をよく洗い、水気を拭く。
2. 天板に乗せて、予熱はせず、190℃に設定したオーブンで約30分、皮がパンと張ってくるまで焼く。
   オーブンがない場合は、皮付きのまま厚さ2～3㎝の輪切りにして、フライパンにサラダ油少々を引いた上に並べ、中火で約20分、両面を焼く。
3. 氷水につけたボウルに生クリームときび砂糖を入れて、ゆるく筋が残る程度まで泡立てる。シナモンパウダーを混ぜる。
4. 焼けた芋に❸のクリームを添えて完成。

エダモン料理の神髄

西原 女性って芋好きですよね。寒くなってくると、スーパーに焼き芋コーナーができるでしょ。女性がふらふらーって吸い寄せられてる。

枝元 私もね、ずっと興味なかったんですよ。でも安納芋の出現で、開眼しました。

西原 うちの近所に焼き芋を車で売りに来る女性がいるのね。フェイスブックで「いつ、どこに売りにいきます」って告知してて、それを見た女の子たちがバス停みたいに待ってるんですよ。いいアイデアですよね。ほら、大声でトラックをとめるって女性はできないから。

枝元 なるほどねー！

西原 それが娘連れの母親ってのがおかしくて、可愛くて。

枝元 そしたら芋を焼いていきますかね。芋をまるごと天板に乗せてと。

西原 ただ乗せるだけ？ 焼酎吹き付けるとか、何か裏技ないんですか。

枝元 それがないんですー。

西原 うちのばあちゃんは、ぬれた新聞紙で芋をくるんで、上から銀紙でくるんでとか、あらゆることを試してましたよ。

枝元 でも、何にもせずに焼いてみたらできたんだもん。サツマイモでもこれでオッケー。シロップやバターを乗せるとおいしいですよ。

西原 うちのばあちゃんのチャレンジはすべて無意味……！ みんなサツマイモに踊らされていた！

枝元 30分ほどやることないから、安納芋にぴったりのシナモンホイップを作ります。これは甘さ控えめで。

西原 途端にお高いデザートっぽい。これは女子殺しだわ。

枝元 お芋焼けましたよ！

西原 何も足さない、何も引かない。エダモン料理の神髄、ここにあり！

枝元 あはは。うん、安納芋甘ーい！ またこのクリームが合う！

西原 この芋、甘すぎる！ これじゃ芋ようかんの出番がないよ！ 昔はこんな芋なかったよね。サツマイモに砂糖絡めてましたよ。

枝元 ほんとに。女の人が芋好きな気持ちが分かるようになりました。

西原 そうですかあ？ 私はカツ丼のほうが好きだな。

枝元 あはは、言うと思った！

枝元がまたやりやがった
芋洗って
オーブンに
ぶち込む
だけ
プロが全国紙にー
媚びず
怯まず顧みず
もう何も恐れん
必殺
無為
無策

あとがき

おお！　おかん飯、第3弾！

ここまでこの連載を続けてこられたのも、このあとがきページまでたどりついてくださるご贔屓の皆々様のおかげでございます。頼りなく、だらんとのびたTシャツの、ない襟元を正して、ここに心からお礼を申し述べさせていただきます。本当に、ありがとうございますっ！

それにしても最近＜おかん飯＞の連載で「背脂が重くなった」とぼやく西原さんのその背脂部分、そして私の腹肉部分には、わっはっはっと笑いながらなんとか日々をやり過ごすパワーを蓄積しているのかもしれないなと、思うようになりました。

まさに昨日、全力を使い果たして仕事を終えて「もう立ってることさえ嫌なんだぁ!」という疲れきった夜に、私、冷凍庫からご飯を取り出し解凍して、シラスと梅干し、青じそなんぞをのせていそいそとご飯を食べました。立ってることさえ嫌なんだったらさっさと寝なさい私、と思いつつ、わしわしとご飯をかき込みました。

こんなだから痩せるわけがありません、が、でもこれだからこそ次の日もやっていける体力を培っていると言えるのかもしれません。翌朝見事に復活して、お腹すいたなあって起きだすわけで。

今回特別ゲストで来てくださった矢野顕子さんとも最後には「夜中にちくわをかじるよねー」という結論に至りまして（詳しくは本文へ）、私たち、だてに長く生きてきたわけじゃありません。逞しいんですよ。ほっほっほっ。

で、それを私は、かっこいいとさえ、思うようになりました。

懲りない私たち、これからもガンガンかっ飛ばしてまいります！

人生なんとかなるっ、大丈夫！　ってね。

さあ、この勢いのまま＜おかん飯＞続きますよー。

ぜひこれからもご一緒に！　ご贔屓に！

枝元なほみ

西原理恵子《さいばらりえこ》

漫画家。高知市生まれ。武蔵野美術大学卒。『ぼくんち』で文藝春秋漫画賞、『毎日かあさん カニ母編』で第8回文化庁メディア芸術祭マンガ部門優秀賞、『上京ものがたり』『毎日かあさん』で第40回手塚治虫文化賞短編賞、『毎日かあさん』で第40回日本漫画家協会賞参議院議長賞を受賞。2013年、第6回ベストマザー賞受賞。

枝元《えだもと》なほみ

料理研究家。神奈川県生まれ。明治大学卒。劇団「転形劇場」の役者兼飯炊き当番を務めるかたわら無国籍レストランのシェフを経て、料理家に。雑誌、テレビ、ラジオなどで活躍中。日本の農業を応援する「むかごプロジェクト」やホームレスの支援にも積極的に取り組む。著書に『かくし味は旅を少々』『なにたべた？』（伊藤比呂美との共著）、『禁断のレシピ』（多賀正子との共著）など多数。

《初出》
毎日新聞「おんなのしんぶん」に掲載された
「西原理恵子と枝元なほみのおかん飯」大好きさんへ編、うみゃーうみゃー編
（2015年11月8日から2017年1月23日まで）に加筆、描き下ろしを加え、再構成しました。

おかん飯《めし》 3《さん》　てんこもり編《へん》
印刷：2017年3月5日　発行：2017年3月20日

《スタッフ》
【写真】関口純、内藤絵美、中村藍、北山夏帆（毎日新聞写真部）
【動画】松崎進（毎日新聞デジタルメディア局）
【編集】中川聡子（毎日新聞生活報道部）、藤江千恵子（毎日新聞出版）

著　者：西原理恵子《さいばらりえこ》
　　　　枝元《えだもと》なほみ
発行人：黒川昭良
発行所：毎日新聞出版
〒102-0074　東京都千代田区九段南1-6-17　千代田会館5階
営業本部 03-6265-6941　図書第二編集部 03-6265-6746
印　刷：三松堂
製　本：大口製本

ISBN978-4-620- 32293-3

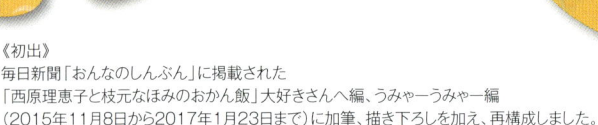